新形式対応

TOEIC® L&R TEST
読解 特急4
ビジネス文書編

神崎 正哉　　TEX加藤　　Daniel Warriner

JN049847

朝日新聞出版

編集協力 ——— 渡邊真理子
Joe F
Bradley Towle
たか
及川亜也子
Karl Rosvolt
秋庭千恵

録音協力 ——— 英語教育協議会 (ELEC)
東健一
Emma Howard 🇬🇧
Howard Colefield 🇺🇸

もくじ

出発の前に …………………………………………………………… 4

「位置選択問題」のコツ ………………………………………… 5

本書の使い方 ……………………………………………………… 8

本書の音声 ………………………………………………………… 10

出発進行　ビジネス文書で Part 7 演習

1	Q1–3 …………… 14	2	Q4–6 …………… 22
3	Q7–9 …………… 30	4	Q10–12 ………… 38
5	Q13–15 ………… 46	6	Q16–18 ………… 54
7	Q19–21 ………… 62	8	Q22–24 ………… 70
9	Q25–27 ………… 78	10	Q28–30 ………… 86
11	Q31–33 ………… 94	12	Q34–36 ………… 104
13	Q37–39 ………… 112	14	Q40–42 ………… 122
15	Q43–45 ………… 130	16	Q46–48 ………… 138
17	Q49–51 ………… 146	18	Q52–55 ………… 154
19	Q56–59 ………… 166	20	Q60–63 ………… 178
21	Q64–67 ………… 190	22	Q68–71 ………… 200
23	Q72–75 ………… 214	24	Q76–79 ………… 226
25	Q80–83 ………… 238	26	Q84–87 ………… 252
27	Q88–91 ………… 264	28	Q92–95 ………… 278
29	Q96–99 ………… 290	30	Q100–103 ……… 302

解答用紙 …………………………………………………………… 317

神崎 本書は2012年9月発行の『新TOEIC® TEST 読解特急4 ビジネス文書編』（朝日新聞出版）の増補改訂版です。

TEX 旧版の問題を精査し、適宜改良しました。また、2016年5月の公開テストから導入された位置選択問題を加えました。

ダン 位置選択問題は、文書中に4カ所空欄があり、ある一文が入る場所を見つける問題です。他の問題と解き方が異なるので、慣れていないと解きにくいかもしれません。

本書には位置選択問題が8問入っています。しっかり取り組んで、位置選択問題のコツを掴んでください。

また、本書は『ビジネス文書編』ということで、ビジネス関連のメールや手紙、連絡メモなどを使って、TOEICのパート7の問題演習を行います。

ビジネス文書は型が決まっているので、ある程度数をこなして、型に慣れれば難しくありません。ビジネス文書が苦手な人も本書を使えば苦手意識を克服できるはずです。

本書が皆さんのTOEICスコアアップに役立つことを願っています。

2021年11月
著者一同

「位置選択問題」のコツ

　「位置選択問題」では、文書中の4カ所の空欄のうち、ある
一文が入る場所を見つけます。文書中の空欄には1から4ま
での番号が付いていて、次のような問い方になります。

In which of the positions marked [1], [2], [3], and
[4] does the following sentence best belong?

"Another reason is that the price is too high."

(A) [1]
(B) [2]
(C) [3]
(D) [4]

設問訳

---

[1]、[2]、[3]、[4]と記載された箇所のうち、次の文が入る
のに最もふさわしいのはどれですか。

「もう1つの理由は、価格が高すぎることです」

　このタイプの問題では、本文の文脈と挿入する文の意味を
考えて、適切な挿入場所を探します。その際、本文と挿入
する文をつなげるフック（hook：取っ掛かり）に気が付くと、
挿入した文と前後の文が自然な流れになる場所が見つかり

ます。例えば上記の例題では、Another reason（もう1つの理由）がフックになります。「もう1つの理由」ということは、この文の前では他の理由が述べられているはずなので、それを探します。

位置選択問題のフックになることが多いのは、「前に出てきた語句を受ける語」と「文の流れの方向性を示す語句」です。

🚃 前に出てきた語句を受ける語

　□ 人称代名詞
　　（he、she、it、they、his、her、its、their など）
　□ the ················ その
　□ this ················ これ／この
　□ that ················ あれ／あの
　□ these ·············· これら／これらの
　□ those ·············· あれら／あれらの
　□ another ··········· もう1つの
　□ one ················ 1つの
　□ each ··············· それぞれ／それぞれの
　□ both ··············· 両方とも／両方の
　□ either ············· どちらかの人・物／どちらかの
　□ such ··············· そのような
　□ there ·············· そこで
　□ then ··············· それで、その時

🚌 文の流れの方向性を示す語句

- □ so / therefore / thus ……………………… よって
- □ but / however / nevertheless …………… しかし
- □ in addition / additionally / moreover …… さらに
- □ as a result / consequently ……………… その結果
- □ accordingly …………… それに応じて
- □ for example …………… 例えば
- □ also …………… 〜もまた

　位置選択問題では、上記のような語句を手掛かりにすると、挿入場所が見つけやすくなる場合が多くあります。また、同じ名詞の繰り返しや対になる表現などがフックとなる場合もあります。しかし、問題によっては、明確なフックがないこともあります。そのような問題は、文意のみを頼りに解いてください。

本書は、以下のように使うと、学習効果を最大限に高めることができます。

① 設問と選択肢のパターンに慣れる

Part 7 で使われる設問と選択肢には、ある程度決まったパターンがあります。そのパターンに慣れておくと本番で有利です。本書の問題を解く際は、パターンを覚えることを意識しながらやってみましょう。

② 正解の根拠を確認する

Part 7 の問題は、本文中に必ず正解の根拠となる箇所があります。問題を解く際は、「ここにこう書いてあるから、答えはこれ」というように正解の根拠に基づいて答えを選んでください。そして、答え合わせをする際は、正解不正解だけではなく、正解の根拠も正しかったかどうか確認するようにしましょう。

③ 同じ間違いをしないようにする

間違えた問題があったら、必ずその原因をはっきりさせてください。読み間違えた、語句の意味がわからなかった、設問を正確に理解できていなかった、紛らわしい選択肢に引っかかった、などが考えられます。原因を突き止めて、同じ間違いを繰り返さないように努めてください。同じ間違いをしないようになれば、スコアも必ず上がるはずです。

④ 語彙力を高める努力をする

TOEIC のスコアアップには語彙力の養成が不可欠です。本書の問題中に知らない語句があったら、覚えるようにしましょう。本書では、各セット、問題中に出てきた重要語句に語注が付いています。そこに挙がっている語句は、Part 7 だけではなく、他のパートでも役立ちますので、特に意識して学習してください。

```
──────── 本書で用いられる記号表記 ────────

  動 ：動詞      名 ：名詞      形 ：形容詞      副 ：副詞

  前 ：前置詞    接 ：接続詞    助 ：助動詞      代 ：代名詞

  同 ：同義語    類 ：類語      反 ：反義語
```

⑤ 音声を使って、速く読む練習をする

Part 7 はリーディング問題なので、実際の TOEIC では音声は流れませんが、本書ではみなさんの学習をサポートする目的で、問題で使われている文書をネイティブスピーカーが読み上げた音声を用意してあります（音声を聴く方法は次ページ参照）。この読み上げ音声を使って、速く読む練習をしてください。問題を解いて、答え合わせや正解の根拠と知らない語句の確認を終えたら、英文の音声を流して、そのスピードに合わせて文書を目で追ってください。音声の読み上げスピードは、1分あたり 140 ～ 150 語です。そのくらいのスピードで読めるようになると、TOEIC のリーディング問題が最後まで解き終えられるようになるはずです。

また、音声を真似して声に出す練習も英語力を伸ばすのに有効です。余裕がある人はそういった音読の練習もぜひ取り入れてください。

本書の英文パッセージは、プロのナレーターにより朗読されています。男性は米国の Howard Colefield さん、女性は英国の Emma Howard さんです。

　音声データ（MP3データ）は、お手持ちのパソコンにより、朝日新聞出版の HP から無料でダウンロードできます。

https://publications.asahi.com/toeic/

　そのデータをお聴きになる場合は、iTunes などのメディアプレーヤーに音声データ（MP3データ）を取り込み、同期してください。

　また、アプリで音声をお聴きになる場合は、次ページの案内をご覧ください。

アプリで音声を聴く場合

AI英語教材アプリ abceed

iOS・Android 対応

無料のFreeプランで音声が聞けます

アプリで簡単に
再生できます

再生スピードを
変えることが
できます

* ご使用の際は、アプリをダウンロードしてください
* abceed内には本書の有料アプリ版もあります
* 使い方は、www.abceed.com でご確認ください

https://www.abceed.com/

出発進行

ビジネス文書で
Part 7 演習

17セット×3問
13セット×4問
=103問

Questions 1–3 refer to the following e-mail. ◀01

To: Howard Reed
From: Barb Greer
Date: March 14
Subject: Management training 📎

Dear Mr. Reed:

As I mentioned when we last met, I always encourage plant managers to take courses to improve their skills. Next month, the company is offering a four-day course on personnel management. It will also emphasize workplace safety and help attendees develop their decision-making skills.

The course is not compulsory, but I strongly recommend that all managers attend. It will take place at the headquarters from April 21 to 24. To register, please complete the attached form and e-mail it to me by April 16.

Finally, welcome to the factory management team! I was so happy to hear that you had accepted the promotion to plant manager, and I hope you find the job rewarding. If you need help solving any problem, please do not hesitate to call me.

Best regards,

Barb Greer
HR Manager

1. Why did Ms. Greer send the e-mail?

    (A) To introduce a new supervisor

    (B) To promote an educational opportunity

    (C) To reschedule a training seminar

    (D) To arrange a job interview

2. What was sent with the e-mail?

    (A) A meeting agenda

    (B) An employment contract

    (C) A registration form

    (D) An evaluation sheet

3. What is indicated about Mr. Reed?

    (A) He called Ms. Greer about a problem.

    (B) He has taken on a managerial role.

    (C) He is in charge of sales promotion.

    (D) He is organizing a training program.

第1段落と第2段落で、会社が行うa four-day course on personnel management（人事管理に関する4日間のコース）を受講するように勧めている。よって、Eメールを送った理由は、(B) To promote an educational opportunity（教育機会を宣伝するため）と言える。course（コース）がeducational opportunity（教育機会）に言い換えられている。

読解問題の文書を読む時は、「誰が誰に、何を何のために」書いているのかに注目して、全体像を把握するようにしましょう。そうすると内容が理解しやすくなり、問題も解きやすくなります。細部ばかりに気をとられて「木を見て森を見ず」にならないように注意してください。

第2段落の終わりに、To register, please complete the attached form and e-mail it to me by April 16.（登録するには、添付の申込書に記入して、4月16日までに私にメールで送ってください）とあるので、コース登録用の申込書が添付されていることがわかる。よって、(C) A registration form（申込書）が正解。

文書に添付・同封されているものを問う問題は、Part 7の定番です。attach（添付する）、enclose（同封する）、include（含む）などの動詞が正解のキーワードになるので、しっかり押さえておきましょう。attached、enclosed、includedのようにed形でもよく使われます。本文を読んでいるときにこのような単語が出てきたら、

そこから出題される可能性が高いので、「何が添付・同封されているか」をしっかり確認するように意識しましょう。

Mr. Reedは、このメールの受信者で、本文中のyouにあたる。第3段落に、I was so happy to hear that you had accepted the promotion to plant manager（私は、あなたが工場長への昇進を承諾したと聞いてとても嬉しく思いました）とあるので、Mr. Reedが工場長に昇進したことがわかる。よって、(B) He has taken on a managerial role.（管理者の役割を引き受けた）が正解。工場長への昇進を承諾したということは、管理者の役割を引き受けたことになる。

managerialは、「マネージャーの、管理者の、経営の」という意味なので、工場長の仕事は、managerial role（管理者の役割）と言えます。

promotion（昇進）の動詞形のpromote は「〜を昇進させる」という他動詞なので、「彼は昇進した」と言う場合は、He has been promoted. や He was promoted. のように受動態になります。Part 5で狙われる可能性があるので覚えておきましょう。

□ **subject** 名 件名
□ **mention** 動 述べる
□ **encourage〈人〉to 〜** 〈人〉に〜することを勧める
□ **plant manager** 工場長
□ **improve** 動 向上させる
□ **offer** 動 提供する
□ **personnel** 名 人事
□ **management** 名 管理
□ **emphasize** 動 強調する
□ **workplace** 名 職場
□ **safety** 名 安全
□ **attendee** 名 参加者
□ **develop** 動 発展させる
□ **decision-making** 形 意思決定の
□ **compulsory** 形 必須の 同 mandatory
□ **strongly** 副 強く
□ **recommend** 動 勧める
□ **attend** 動 参加する
□ **take place** 行われる
□ **headquarters** 名 本社
□ **register** 動 申し込む
□ **complete** 動 記入する
□ **attached** 形 添付された
□ **finally** 副 最後に
□ **welcome to 〜** 〜にようこそ
□ **accept** 動 受け入れる
□ **promotion** 名 昇進
□ **find A 〜** Aを〜だと感じる
□ **rewarding** 形 やりがいのある

- □ **solve** 動 解決する
- □ **do not hesitate to ~** 遠慮なく~する
- □ **introduce** 動 紹介する
- □ **supervisor** 名 監督者
- □ **promote** 動 宣伝する
- □ **educational** 形 教育に関する
- □ **opportunity** 名 機会
- □ **reschedule** 動 予定を変更する
- □ **arrange** 動 設定する
- □ **interview** 名 面接
- □ **agenda** 名 議題
- □ **employment** 名 雇用
- □ **contract** 名 契約書
- □ **registration** 名 登録
- □ **evaluation** 名 評価
- □ **indicate** 動 示す
- □ **take on** 引き受ける
- □ **managerial** 形 管理者の
- □ **role** 名 役割
- □ **in charge of ~** ~の担当である
- □ **organize** 動 準備する、運営する

問題1〜3は次のEメールに関するものです。

受信者：Howard Reed
送信者：Barb Greer
日付：3月14日
件名：管理職研修 📎

Reed 様

前回私たちが会ったときにお話ししたように、私は工場長にスキルアップのためのコースを受講することを常に奨励しています。来月、会社は人事管理に関する4日間のコースを提供します。また、このコースは、職場における安全の重要性を強調し、参加者の判断能力向上を助けます。

コースは必須でありませんが、管理職は全員参加するよう強く勧めています。コースは4月21日から24日まで本社で行われます。登録するには、添付の申込書に記入して、4月16日までに私にメールで送ってください。

最後になりますが、工場の管理チームへようこそ！私は、あなたが工場長への昇進を承諾したと聞いてとても嬉しく思いました。その仕事にやりがいを感じることを願います。問題の解決に助けが必要なときは、遠慮なく私に電話をしてください。

敬具

Barb Greer
人事部長

1. GreerさんはなぜEメールを送ったのですか。

　(A) 新しい上司を紹介するため
　(B) 教育機会を宣伝するため
　(C) 研修セミナーの予定を変更するため
　(D) 就職の面接を設定するため

2. Eメールと一緒に何が送られましたか。

　(A) 会議の議題
　(B) 雇用契約書
　(C) 申込書
　(D) 評価表

3. Reedさんについてどんなことが示されていますか。

　(A) ある問題に関してGreerさんに電話をした。
　(B) 管理者の役割を引き受けた。
　(C) 販売促進の担当である。
　(D) 研修プログラムの準備をしている。

Questions 4–6 refer to the following e-mail. ◀02

To: Nifties Supplies
From: Robert Holland
Date: June 8
Subject: Faulty products 📎

To Customer Service:

On May 25, I had four Garden Glowers (model: RN-065490) shipped to me from your Sacramento location. I am writing to inform you that three of the products I received do not work.

Before installing the lanterns, I put in batteries and set the timers according to the instructions on the box. Only one of the lights came on. I have not been able to get the other three to turn on at all. I even bought a fresh pack of batteries, but they made no difference.

I have called the Sacramento store directly and left several messages asking what to do, but I have yet to receive a response. This surprises me, as I usually receive good service. Also, the other kinds of products I have bought from you have always worked well.

Attached is a digital copy of my receipt. I trust you will look into the matter and address it promptly.

Sincerely,

Robert Holland

4. What is the main purpose of the e-mail?

   (A) To clarify some instructions

   (B) To order some supplies

   (C) To correct an assumption

   (D) To express dissatisfaction

5. What problem does Mr. Holland mention in the e-mail?

   (A) An error was made on a receipt.

   (B) A store has not responded to his inquiry.

   (C) A service manual was difficult to understand.

   (D) A component was missing from a device.

6. What does Mr. Holland indicate about himself?

   (A) He has purchased different types of goods from Nifties Supplies.

   (B) He has returned some lanterns to a store in Sacramento.

   (C) He has figured out why some equipment is not working.

   (D) He worked for Nifties Supplies several years ago.

このEメールの件名は、Faulty products（不良品）で、本文では購入した4つの製品のうち3つが機能しないこと、そして店に電話をしたが返事がないことが述べられている。よって、このEメールの主な目的は、(D) To express dissatisfaction（不満を述べること）。

問題演習と並行して、ビジネス文書の書き方や基本文例集に目を通しておくのも読解力UPに有効です。クレームの文書の多くは、「不満の表明→不満の理由説明→相手への要求」といったお決まりの流れになります。こうした型にはまったパターンの文書に慣れておくと読解スピードが上がり、本試験でも有利です。

第3段落に、I have called the Sacramento store directly and left several messages asking what to do, but I have yet to receive a response.（Sacramento店に直接電話をして、どうすればよいか尋ねるメッセージをいくつか残しましたが、まだ返答がありません）とある。まだ店から返答がないということなので、(B) A store has not responded to his inquiry.（店は彼の問い合わせに返答していない）が正解。

I have yet to ～は特殊な構文で、not は入っていませんが、「まだ～していない」という意味を表します。よって、I have yet to receive a response. は I have not received a response yet. と同じ意味になります。

第3段落の終わりに、the other kinds of products I have bought from you have always worked well. (御社で購入した他の製品はいつも正常に機能しました) とあるので、このEメールを書いた Mr. Holland は、以前 Nifties Supplies で別の製品を購入しているとわかる。よって、(A) He has purchased different types of goods from Nifties Supplies. (Nifties Supplies から異なる商品を購入したことがある) が正解。the other kinds of products が different types of goods に、bought が purchased に言い換えられている。

「御社で購入した他の製品はいつも正常に機能しました」という記述から、「以前同じ会社で異なる商品を購入したことがある」はずだと判断して、(A)を選びます。このように直接的に述べていなくても、間接的にそれを示している部分を見つけて、答えを導くタイプの問題は少し手強いです。

- □ **subject** 名 件名
- □ **faulty** 形 欠陥のある
- □ **ship** 動 発送する
- □ **location** 名 店舗
- □ **inform** 動 知らせる 同 notify
- □ **install** 動 設置する
- □ **lantern** 名 ランタン
- □ **put in** 入れる
- □ **according to ～** ～に従って
- □ **instruction** 名 (複数形 instructions で) 説明、説明書、指示
- □ **come on** スイッチが入る
- □ **turn on** スイッチが入る
- □ **have yet to ～** まだ～していない
- □ **response** 名 返答
- □ **surprise** 動 驚かせる
- □ **attached is/are ～** ～が添付されている
- □ **receipt** 名 領収書
- □ **look into ～** ～を調査する、調べる 同 investigate
- □ **address** 動 対処する 同 deal with
- □ **promptly** 副 迅速に
- □ **clarify** 動 確認する
- □ **order** 動 注文する
- □ **supply** 名 (複数形 supplies で) 事務用品 (office supplies という形で使われることが多い)
- □ **correct** 動 訂正する
- □ **assumption** 名 想定、仮定
- □ **express** 動 述べる、表す
- □ **dissatisfaction** 名 不満 反 satisfaction 満足

□ **mention** 動 述べる、言及する

□ **inquiry** 名 問い合わせ

□ **service** 名 保守、整備、修理

□ **component** 名 部品

□ **missing** 形 なくなった

□ **indicate** 動 示す

□ **purchase** 動 購入する

□ **goods** 名 商品 同 merchandise, product, item

□ **return** 動 返品する

□ **figure out** 解明する

□ **equipment** 名 機器

問題4～6は次のEメールに関するものです。

受信者：Nifties Supplies
送信者：Robert Holland
日付：6月8日
件名：不良品 🔗

カスタマーサービス部御中

5月25日に、私は御社のSacramento店よりGarden Glowers（型番：RN-065490）4個の配送を受けました。私が受け取った製品のうち3つが機能しないことをお知らせするために、ご連絡しております。

ランタンを設置する前に、私は箱に書いてある説明に従ってそれぞれに電池を入れ、タイマーを設定しました。それら電灯のうちの1つだけしか点灯しませんでした。他の3つを点灯させることはまったくできませんでした。新しい電池を買うことさえしましたが、変化はありませんでした。

Sacramento店に直接電話をして、どうすればよいか尋ねるメッセージをいくつか残しましたが、まだ返答がありません。いつもよいサービスを受けているので、これには驚いています。また、御社で購入した他の製品はいつも正常に機能しました。

領収書のデジタル複写を添付いたします。この件を迅速に調査し、対処していただけると信じております。

敬具

Robert Holland

4. Eメールの主な目的は何ですか。

   (A) 説明書の確認をすること
   (B) 事務用品を注文すること
   (C) 想定を訂正すること
   (D) 不満を述べること

5. HollandさんはEメールでどんな問題について述べていますか。

   (A) 領収書に間違いがあった。
   (B) 店は彼の問い合わせに返答していない。
   (C) 保守マニュアルが理解しにくかった。
   (D) 1つの部品が機器からなくなっていた。

6. Hollandさんは自分自身について何を示していますか。

   (A) Nifties Suppliesから異なる商品を購入したことがある。
   (B) Sacramentoの店に、いくつかのランタンを返品した。
   (C) 機器がなぜ機能していないか突き止めた。
   (D) 数年前にNifties Suppliesで働いていた。

3

Questions 7–9 refer to the following memo. 03

To: All staff
From: Sandy Mullins, Administration Office
Date: October 16
Subject: Parking

From November 5, the Morrison Street parking facility will be temporarily closed to allow for construction of a covered walkway to the Kerr Street train station. Anyone who currently has a permit to park there must obtain a new permit to park in one of the other garages in the area.

To request a new permit, please fill out the form available on the company Web site before November 1. Remember that failure to display the appropriate permit in your vehicle is a parking violation and could result in a ticket, so do not wait until November to complete the form. Permits will be issued on a first-come, first-served basis, and space is limited at some nearby garages. Therefore, make sure to write down the facilities you would like to use in order of preference on the form. If you would like a map showing available parking facilities in the area, please stop by my office.

7. What is the purpose of the memo?

(A) To announce construction of a new parking garage

(B) To notify employees of changes in parking fees

(C) To instruct staff on new parking arrangements

(D) To help prepare for the expansion of a parking lot

8. What should employees include on the form?

(A) An office address

(B) A permit number

(C) A list of facilities

(D) A department name

9. According to the memo, how can employees obtain a map?

(A) By e-mailing a request

(B) By printing one from a Web site

(C) By calling a train station

(D) By visiting Ms. Mullins' office

7. 正解 (C)

第1段落で、工事に伴いMorrison Streetにある駐車施設が一時的に閉鎖されるため、近隣の別の駐車場の駐車許可証を取得するように従業員に伝え、第2段落で新しい許可証の申請の仕方と注意事項を述べている。よって、(C) To instruct staff on new parking arrangements（従業員に新しい駐車場手配について知らせること）が正解。

 permit は、「許可する」という意味の動詞に加えて、「許可証」という意味の名詞でも頻出します。parking permit（駐車許可証）や building permit（建築許可証）、photography permit（撮影許可証）といった表現は覚えておきましょう。

8. 正解 (C)

第2段落後半に、make sure to write down the facilities you would like to use in order of preference on the form.（必ず申請書にあなたが使いたい施設を希望順に書いてください）とある。使いたい駐車施設を希望順に記入するということは、駐車施設のリストを書くことになるので、(C) A list of facilities（施設のリスト）が正解。

 orderには、「注文」や「命令」以外に「順番」の意味があり、TOEICでは、in order of preference（希望順に）や in order of priority（優先順に）といった形で登場します。関連表現として、in alphabetical order（アルファベット順に）、in numerical order（番号順に）、in chronological order（年代順に）も押さえておきましょう。

map（地図）に関する記述を探すと、第2段落の終わりに、If you would like a map showing available parking facilities in the area, please stop by my office. （その地区の利用可能な駐車施設を示す地図をご希望の方は、私のオフィスにお立ち寄りください）とある。地図を入手するには、この連絡メモの書き手のMs. Mullinsのオフィスに立ち寄ればよいので、(D) By visiting Ms. Mullins' office（Mullinsさんのオフィスを訪問することによって）が正解。

stop byは、「立ち寄る」という意味の句動詞です。選択肢ではvisitに言い換えられています。

□ **memo** 名 連絡メモ（memorandumの短縮形）
□ **administration** 名 管理
□ **facility** 名 施設
□ **temporarily** 副 一時的に
□ **closed** 形 閉まっている
□ **allow for ～** ～を可能にする
□ **construction** 名 建設
□ **covered** 形 屋根つきの
□ **walkway** 名 歩道
□ **currently** 副 現在
□ **permit** 名 許可証
□ **park** 動 駐車する
□ **obtain** 動 取得する、入手する 同 get, acquire
□ **garage** 名 駐車場
□ **request** 動 求める
□ **fill out** 記入する 同 complete
□ **available** 形 入手可能な
□ **failure** 名 不履行
□ **display** 動 掲示する
□ **appropriate** 形 適切な 反 inappropriate 不適切な
□ **vehicle** 名 車両 類 car, automobile 車
□ **violation** 名 違反
□ **result in ～** 結果として～になる
□ **ticket** 名 違反切符
□ **complete** 動 記入する 同 fill out
□ **issue** 動 発行する、出す
□ **on a first-come, first-served basis** 先着順に
□ **limited** 形 限りがある
□ **nearby** 形 近くの

□ **therefore** 副 したがって

□ **make sure to ~** 必ず~する

□ **in order of ~** ~の順に

□ **preference** 名 好み

□ **stop by ~** ~に立ち寄る

□ **announce** 動 発表する

□ **construction** 名 建設

□ **notify** 動 知らせる

□ **fee** 名 料金

□ **instruct** 動 知らせる、指示する

□ **arrangement** 名 手配、準備

□ **expansion** 名 拡張

□ **include** 動 含める

□ **department** 名 部署

□ **according to ~** ~によると

問題7〜9は次の連絡メモに関するものです。

受信者：全従業員
送信者：Sandy Mullins、管理事務所
日付：10月16日
件名：駐車場

11月5日から、Morrison Street の駐車施設は、Kerr Street 駅への屋根つきの歩道を建設するため一時的に閉鎖されます。現在そこに駐車する許可証を持っている方は、どなたもその地区の他の駐車場に駐車するための新しい許可証を取得しなければなりません。

新しい許可証を申請するには、11月1日より前に、会社のウェブサイト上で入手できる申請書に記入してください。車に適切な許可証を掲示しておかないと駐車違反になり、違反切符につながることに留意し、申請書の記入を11月まで先延ばしにしないでください。許可証は申し込み順に発行されますが、近くの駐車場の一部は空きに限りがあります。なので、必ず申請書にあなたが使いたい施設を希望順に書いてください。その地区の利用可能な駐車施設を示す地図をご希望の方は、私のオフィスにお立ち寄りください。

7. 連絡メモの目的は何ですか。

   (A) 新しい駐車場の建設を発表すること
   (B) 駐車料金の変更を従業員に知らせること
   (C) 従業員に新しい駐車場手配について知らせること
   (D) 駐車場拡張の準備を助けること

8. 従業員は申請書に何を含めなければなりませんか。

   (A) オフィスの住所
   (B) 許可証番号
   (C) 施設のリスト
   (D) 部署名

9. 連絡メモによると、従業員はどのように地図を入手できますか。

   (A) 要望をEメールで送ることによって
   (B) ウェブサイトから印刷することによって
   (C) 駅に電話をすることによって
   (D) Mullins さんのオフィスを訪問することによって

4

Questions 10–12 refer to the following form. 🔊 04

---

https://waveelectronics.com/csform

Wave Electronics

Complete this form to get in touch with our customer service department. We will reply to your inquiry within 24 hours.

Name: Daniel Archer

E-mail address: darcher@sprintmail.com

Message:

I am writing to request reimbursement for the vacuum cleaner that I purchased on October 12 through your online catalog (order: 379055-83). Upon unpacking the vacuum cleaner, I noticed a long crack in the handle. In addition, it should have been delivered within three business days, as stated on your Web site. However, the item did not arrive until October 28, more than two weeks after I placed the order.

According to your company policy, you only accept returns within 14 days of the purchase date. Nevertheless, because the item did not arrive until after 14 days, I was unable to return it within that time frame. I am therefore requesting a full refund in the amount of $148.27, including the total shipping cost of $23.78. I would like to resolve this as soon as possible, so please contact me at 555-0137 with instructions on how to return the appliance.

Send

---

10. Why did Mr. Archer fill out the form?

    (A) To schedule some repairs

    (B) To order a cleaning device

    (C) To report a lost shipment

    (D) To request a refund

11. What problem does Mr. Archer mention?

    (A) A delivery was later than expected.

    (B) An appliance is not working properly.

    (C) A warranty has already expired.

    (D) A discount was not applied.

12. What does Mr. Archer indicate on the form?

    (A) He has been contacted about a new item.

    (B) He recently moved to a new address.

    (C) He would like a matter dealt with promptly.

    (D) He is waiting for an order confirmation.

第1段落の冒頭に、I am writing to request reimbursement for the vacuum cleaner that I purchased on October 12 through your online catalog (私は、御社のオンラインカタログ経由で10月12日に購入した掃除機に対する払い戻しのお願いをするために連絡しております) とある。返金を求めることが目的なので、(D) To request a refund (返金を求めるため) が正解。reimbursement (払い戻し) が refund (返金) に言い換えられている。

仮に冒頭の reimbursement (払い戻し) という単語の意味がわからなくても、第2段落の I am therefore requesting a full refund (したがいまして私は、全額返金を請求いたします) からも、このメッセージを書いたMr. Archer が refund (返金) を求めていることがわかります。

このような苦情の文書では、return (返品)、refund (返金)、replacement / exchange (交換)、repair (修理) といった対応のうち何を求めているかが出題ポイントになるケースが多いので、しっかり確認してください。

第1段落に、it should have been delivered within three business days, as stated on your Web site. However, the item did not arrive until October 28, more than two weeks after I placed the order. (この商品は、御社のウェブサイトに記載されているように、3営業日以内に届けられる

はずでした。しかし品物は、私が注文してから2週間以上たった10月28日まで届きませんでした）とある。3日以内に届くはずの商品が2週間以上かかったということなので、(A) A delivery was later than expected.（配達が予想された時期より遅れた）が正解。

 (B) An appliance is not working properly.（電化製品が正常に機能しない）は、紛らわしかったかもしれません。取っ手にひびが入っていたと書かれていますが、掃除機の機能に問題があったとは述べられていないので、「正常に機能しない」とは言えません。

12. 正解 (C)

第2段落最終文に、I would like to resolve this as soon as possible（私は本件をできるだけ早く解決したい）とあるので、(C) He would like a matter dealt with promptly.（この問題に迅速に対処してもらいたい）が正解。

 (C) He would like a matter dealt with promptly. は、文型が複雑です。SVOCの形になっていて、O（目的語）のa matterとC（補語）のdealt withの間には、「問題が対処される」という受動の関係があるので、過去分詞のdealt withになっています（原形はdeal with）。

- □ **complete** 動 記入する
- □ **get in touch with ～** ～に連絡をする
- □ **reply** 動 返信する
- □ **inquiry** 名 問い合わせ
- □ **reimbursement** 名 払い戻し
- □ **vacuum cleaner** 電気掃除機
- □ **purchase** 動 購入する
- □ **upon -ing** ～するとき
- □ **unpack** 動 荷ほどきする 反 pack 荷造りをする
- □ **notice** 動 気がつく
- □ **crack** 名 ひび
- □ **handle** 名 取っ手
- □ **in addition** さらに
- □ **deliver** 動 配達する
- □ **as** 接 ～のように
- □ **state** 動 記載する
- □ **as stated** 記載されているように
- □ **however** 副 しかし
- □ **item** 名 商品
- □ **arrive** 動 届く
- □ **place an order** 注文する
- □ **according to ～** ～によれば
- □ **policy** 名 規定
- □ **accept** 動 受け入れる、認める
- □ **return** 名 返品
- □ **nevertheless** 副 しかし
- □ **unable to ～** ～できない
- □ **return** 動 返品する
- □ **time frame** 時間枠

- □ **therefore** 副 したがって
- □ **refund** 名 返金
- □ **amount** 名 金額
- □ **shipping** 名 配送
- □ **cost** 名 費用
- □ **resolve** 動 解決する 同 solve
- □ **contact** 動 連絡する
- □ **instruction** 名 （複数形instructionsで）説明、説明書、指示
- □ **appliance** 名 電化製品
- □ **schedule** 動 予定を決める
- □ **repair** 名 修理
- □ **device** 名 機器
- □ **report** 動 報告する
- □ **lost** 形 なくなった
- □ **expect** 動 予想する
- □ **properly** 副 正常に
- □ **warranty** 名 保証
- □ **expire** 動 期限が切れる
- □ **discount** 名 割引
- □ **apply** 動 適用する
- □ **indicate** 動 示す
- □ **recently** 副 最近
- □ **move** 動 引っ越す 同 relocate
- □ **matter** 名 問題
- □ **deal with～** ～に対処する
- □ **promptly** 副 迅速に
- □ **confirmation** 名 確認

問題10〜12は次のフォームに関するものです。

https://waveelectronics.com/csform

Wave Electronics

弊社顧客サービス部に連絡するには、このフォームにご記入ください。お問い合わせには24時間以内に返信いたします。

お名前：Daniel Archer
Eメールアドレス：darcher@sprintmail.com

メッセージ：

私は、御社のオンラインカタログ経由で10月12日に購入した掃除機に対する払い戻しのお願いをするために連絡しております（注文：379055-83）。掃除機の梱包をといたとき、私は取っ手の長いひび割れに気づきました。さらに、この商品は、御社のウェブサイトに記載されているように、3営業日以内に届けられるはずでした。しかし品物は、私が注文してから2週間以上たった10月28日まで届きませんでした。

御社の規定によれば、返品は購入日から14日以内に限り受け付けるとなっています。しかし、品物が14日後までに到着しなかったので、私はその期限内に返品できませんでした。したがいまして私は、23ドル78セントの合計送料を加えた148ドル27セントの全額返金を請求いたします。私は本件をできるだけ早く解決したいので、555-0137にご連絡をいただき、電化製品の返却方法についての説明をお願いいたします。

送信

10. Archerさんはなぜフォームに記入したのですか。

    (A) 修理の予定を決めるため
    (B) 清掃機器を注文するため
    (C) なくなった荷物について報告するため
    (D) 返金を求めるため

11. Archerさんはどんな問題について述べていますか。

    (A) 配達が予想された時期より遅れた。
    (B) 電化製品が正常に機能しない。
    (C) 保証書の期限がすでに切れている。
    (D) 割引が適用されなかった。

12. Archerさんはフォーム上で何を示していますか。

    (A) 新しい品物の件で連絡をもらった。
    (B) 最近、新しい住所へ引っ越した。
    (C) この問題に迅速に対処してもらいたい。
    (D) 注文確認を待っている。

5

Questions 13–15 refer to the following letter. ◀ 05

Ben Connolly
4208 Concord Street
Charlotte, NC 28273

Dear Mr. Connolly,

As you well know, managing a business requires a wide range of skills and knowledge. Business leaders are always looking for ways to lead their organizations toward higher productivity and growth. At the same time, they have to be able to deal with the challenges that come with technological change, efficiently use resources, and motivate their employees. With these abilities, managers such as yourself provide leadership in the fast-changing world of business.

At the 12th Annual Starleaton Directors Seminar, business leaders will explore best management practices for fostering both company and personal growth. Specifically, participants will learn how to increase company productivity, solve certain problems quickly, communicate more effectively, deal with the fast pace of technological advancement, and draw on the strengths of each individual they employ.

To register, please call Megan Daley at 555-0189 or e-mail her at mdaley@starleaton.org. For more information, please visit www.starleaton.org.

Sincerely,

Leah Rhodes

Leah Rhodes
Starleaton Event Planner

13. Who most likely is Mr. Connolly?

(A) A business manager

(B) A university student

(C) A conference presenter

(D) A seminar coordinator

14. Why did Ms. Rhodes send the letter to Mr. Connolly?

(A) To respond to a request for information about a business

(B) To notify him about some new changes to a schedule

(C) To invite him to a professional development event

(D) To provide him with an updated job description

15. What is NOT mentioned as a seminar topic?

(A) How to make a workplace more productive

(B) How to deal with problems promptly

(C) How to improve communication skills

(D) How to increase marketing effectiveness

Mr. Connollyは手紙の受け手でyouにあたる。第1段落では
ビジネスリーダーに求められる能力が示されており、段落の
終盤にmanagers such as yourself（あなたのような経営者）
とある。よって、Mr. Connollyは、(A) A business manager
（会社の経営者）であると推測できる。

> 上記のポイント以外にも、managing a business（会社
> の経営）やbusiness leaders（ビジネスリーダー）など
> のキーワードや文書全体の内容からMr. Connollyが会
> 社の経営者であることがわかります。

この手紙はビジネスリーダー向けセミナーの案内である。よ
って、その目的は、(C) To invite him to a professional
development event（専門的能力開発イベントに招待するた
め）と言える。

> 本文の「seminar」が選択肢では「event」に言い換えら
> れています。TOEIC のPart 7では、このように、本文
> 中の具体的なものを指す語句が、選択肢で漠然とした
> 形に言い換えられるケースがよくあります。問題演習
> を通じて、こうした言い換え表現に慣れておきましょう。

セミナーのトピックとして述べられていないものを選ぶ。第2段落にセミナー参加者が学ぶ内容が列記されており、(A) は increase company productivity（会社の生産性を向上させる）、(B) は solve certain problems quickly（特定の問題を迅速に解決する）、(C) は communicate more effectively（より効果的にコミュニケーションを取る）に対応している。マーケティングに関する記述はないので、(D) How to increase marketing effectiveness（マーケティングの効率性を上げる方法）が正解。

NOT問題では、選択肢を1つずつ確認していく必要があるので、解くのに時間がかかります。

1つずつ本文に照らし合わせている時間がないときは、4つの選択肢に目を通し、明らかに本文の内容と矛盾しているものや、本文の趣旨にそぐわないもの、4つの選択肢の中で異質なものを選んだ方が、まったくのヤマ勘で選ぶよりは正解の確率は高くなります。時間に追われている場合の解答スキルとして頭の片隅に入れておきましょう。

- □ **manage** 動 経営する
- □ **require** 動 必要とする
- □ **a wide range of** ～ 幅広い～
- □ **knowledge** 名 知識
- □ **business leader** ビジネスリーダー、実業界の指導者
- □ **look for** ～ ～を探す 同 seek
- □ **lead** 動 統率する
- □ **organization** 名 組織
- □ **productivity** 名 生産性
- □ **growth** 名 成長
- □ **at the same time** 同時に
- □ **deal with** ～ ～に対処する
- □ **challenge** 名 課題
- □ **technological** 形 技術に関する
- □ **efficiently** 副 効率的に
- □ **resource** 名 （複数形resourcesで）資産
- □ **motivate** 動 士気を高める
- □ **employee** 名 社員、従業員
- □ **ability** 名 能力
- □ **fast-changing** 形 急速に変化している
- □ **annual** 形 毎年の
- □ **explore** 動 探る、詳しく調べる
- □ **best management practice** 優れた経営事例
- □ **foster** 動 発展させる
- □ **specifically** 副 具体的には
- □ **participant** 名 参加者
- □ **increase** 動 増やす
- □ **solve** 動 解決する 同 resolve

- □ **communicate** 動 コミュニケーションを取る、意思を伝える
- □ **effectively** 副 効果的に
- □ **advancement** 名 進歩
- □ **draw on ~** ～を利用する、～を引き出す
- □ **strength** 名 長所
- □ **individual** 名 個人
- □ **register** 動 申し込む
- □ **conference** 名 学会
- □ **presenter** 名 発表者
- □ **respond to ~** ～に返答する
- □ **notify** 動 知らせる 同 inform
- □ **professional development** 専門的能力開発
- □ **job descriptions** 職務記述書
- □ **promptly** 副 即座に
- □ **improve** 動 改善する
- □ **effectiveness** 名 効率性

問題13〜15は次の手紙に関するものです。

Ben Connolly
4208 Concord Street
Charlotte, NC 28273

Connolly様

ご存じのように会社の経営は、幅広い技術と知識を必要とします。ビジネスリーダーは、彼らの組織をより高い生産性と成長に導く方法を常に模索しています。同時に彼らはテクノロジーの変化に伴う課題に取り組み、資産を効率よく活用し、社員の士気を高めなくてはなりません。これらの能力があって初めて、あなたのような経営者は急速に変化するビジネスの世界でリーダーシップを発揮するのです。

第12回年次Starleaton重役セミナーで、ビジネスリーダーは企業と個人の成長をともに促進する優れた経営事例を詳細に探究します。具体的には、会社の生産性を向上させる方法、特定の問題を迅速に解決する方法、より効果的にコミュニケーションを取る方法、急速なテクノロジーの進歩に対応する方法、従業員各々の長所を引き出す方法を参加者は学びます。

申し込みは、Megan Daleyに555-0189までお電話いただくか、彼女宛てにmdaley@starleaton.orgまでメールをお送りください。詳細は、当社のウェブサイトwww.starleaton.orgをご覧ください。

敬具

Leah Rhodes
Starleaton イベントプランナー

13. Connolly さんは誰だと考えられますか。

    (A) 会社の経営者
    (B) 大学生
    (C) 学会発表者
    (D) セミナーのコーディネーター

14. Rhodes さんはなぜ Connolly さんに手紙を送ったのですか。

    (A) 会社に関する情報の要望に返答するため
    (B) 新規のスケジュール変更について知らせるため
    (C) 専門的能力開発イベントに招待するため
    (D) 更新された職務記述書を提供するため

15. セミナーのトピックとして述べられていないのはどれですか。

    (A) 職場をより生産的にする方法
    (B) 問題に迅速に対処する方法
    (C) コミュニケーション能力を改善する方法
    (D) マーケティングの効率性を上げる方法

6

Questions 16–18 refer to the following e-mail. ◀06

	E-Mail Message
To:	Emily Blackburn
From:	Spencer Rowley
Date:	September 30
Subject:	Open position 📎

Dear Ms. Blackburn:

I am very interested in the consultant position currently advertised on the Treaton Insurance Web site. You will see from the attached résumé that I have some experience related to selling insurance and recently obtained a professional qualification from the Chartered Insurance Association. I also have a college degree in business administration, which I completed four years ago. For the past year, I have been working as a loan processor at Westerville Bank in Detroit, Michigan. Although I am comfortable in that role, I am seeking opportunities to achieve career objectives in my preferred field of insurance.

I am confident that I would be a great addition to your team. If you would like to schedule an interview, please call me at 555-0103.

Best regards,

Spencer Rowley

16. What is the main purpose of the e-mail?

(A) To request a job reference

(B) To follow up on a telephone discussion

(C) To express interest in a vacancy

(D) To accept an employment offer

17. What industry does Ms. Blackburn most likely work in?

(A) Advertising

(B) Education

(C) Banking

(D) Insurance

18. What does Mr. Rowley NOT indicate in the e-mail?

(A) He is qualified to practice law in Michigan.

(B) He has recently earned an official credential.

(C) He wants to work in the field of insurance.

(D) He has earned a degree in business administration.

冒頭、I am very interested in the consultant position currently advertised on the Treaton Insurance Web site. (私は、現在 Treaton Insurance のウェブサイト上で公募されているコンサルタントの職にとても関心があります) と述べ、募集中の求人に関心があることを伝えている。よって、(C) To express interest in a vacancy (空いている職に関心を示すこと) が正解。

 vacancy は「空き」の意味の名詞で、求人関連の文脈では、vacancy = vacant position で「空いている職、欠員」の意味になります。また、ホテルの部屋や賃貸物件の空き状況についての文脈では、「空き室、空き物件」を意味します。

Ms. Blackburn はこの E メールの受け手。書き手の Mr. Rowley は、第1段落の終わりで、I am seeking opportunities to achieve career objectives in my preferred field of insurance. (私が好む保険の分野でキャリアの目標を達成する機会を探しています) と述べ、保険業界で働きたい意思を表している。よって、受け手の Ms. Blackburn は保険会社で働いていると推測できるので、正解は (D)。

 冒頭の1文から、Treaton Insurance のウェブサイト上に求人広告が出ていることがわかりますが、この Treaton Insurance は、Ms. Blackburn が働いている会社で、社名に Insurance (保険) と入っていることも、

彼女の勤務先が保険会社であることのヒントになります。

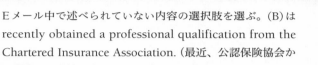

18. 正解 (A)

Eメール中で述べられていない内容の選択肢を選ぶ。(B)は recently obtained a professional qualification from the Chartered Insurance Association. (最近、公認保険協会から専門的な資格を取得しました)、(C)はI am seeking opportunities to achieve career objectives in my preferred field of insurance. (私が好む保険の分野でキャリアの目標を達成する機会を探しています)、(D)はI also have a college degree in business administration (私は大学の経営学の学位も持っています) に対応している。(A) He is qualified to practice law in Michigan. (Michiganで弁護士の仕事をする資格がある) に対応する記述はないので、これが正解。

🧐 動詞のpracticeには、弁護士や医師などの専門性の高い仕事に従事するという意味があり、practice law (弁護士の仕事をする)、practice medicine (医師の仕事をする) のように使います。本文では専門的な資格を持っていることは述べられていますが、弁護士の資格に関する記述はありません。

□ **position** 名 職
□ **interested in ～** ～に興味がある
□ **consultant** 名 コンサルタント
□ **currently** 副 現在
□ **advertise** 動 （求人を）公募する
□ **insurance** 名 保険
□ **attach** 動 添付する
□ **résumé** 名 履歴書
□ **experience** 名 経験
□ **related to ～** ～に関連した
□ **recently** 副 最近
□ **obtain** 動 取得する
□ **professional** 形 専門的な
□ **qualification** 名 資格
□ **chartered** 形 公認の
□ **association** 名 協会
□ **degree** 名 学位
□ **business administration** 経営学
□ **complete** 動 修める
□ **loan processor** 融資業務担当者
□ **comfortable in ～** ～に満足している
□ **seek** 動 探す 同 look for
□ **opportunity** 名 機会
□ **achieve** 動 達成する
□ **career objective** キャリアの目標
□ **preferred** 形 好ましい、好きな
□ **field** 名 分野
□ **confident** 形 自信がある
□ **addition** 名 補強

□ **schedule** 動 予定を組む

□ **interview** 名 面接

□ **reference** 名 推薦状

□ **follow up** フォローアップをする、何かした後に補足的な行為をする

□ **discussion** 名 話し合い

□ **vacancy** 名 (職の) 空き

□ **employment** 名 雇用

□ **industry** 名 業界

□ **be qualified to ～** ～する資格がある

□ **practice** 動 (弁護士などの専門職に) 従事する

□ **law** 名 法律

□ **practice law** 弁護士の仕事をする

□ **official** 形 公式な

□ **credential** 名 資格

問題16〜18は次のEメールに関するものです。

受信者：Emily Blackburn
送信者：Spencer Rowley
日付：9月30日
件名：就職口 📎

Blackburn様

私は、現在 Treaton Insurance のウェブサイト上で公募されているコンサルタントの職にとても関心があります。添付の履歴書にありますように、私は保険の販売に関連した経験があり、最近、公認保険協会から専門的な資格を取得しました。私は4年前に修めた大学の経営学の学位も持っています。過去1年間、私は、Michigan の Detroit にある Westerville Bank で融資業務担当者として働いてきました。私はこの役割に満足しておりますが、私が好む保険の分野でキャリアの目標を達成する機会を探しています。

私はあなたのチームの強力な補強となる自信があります。もし面接の日程を組んでくださるのであれば、555-0103まで私にお電話ください。

敬具

Spencer Rowley

16. Eメールの主な目的は何ですか。

(A) 仕事の推薦状を求めること
(B) 電話での話し合いのフォローアップをすること
(C) 空いている職に関心を示すこと
(D) 雇用のオファーを受け入れること

17. Blackburn さんはどの業界で働いていると考えられますか。

(A) 広告
(B) 教育
(C) 銀行
(D) 保険

18. Rowley さんがEメールで示していないのはどれですか。

(A) Michigan で弁護士の仕事をする資格がある。
(B) 最近、公式な資格を取った。
(C) 保険の分野で働きたい。
(D) 経営学の学位を取得した。

Questions 19–21 refer to the following e-mail. ◀07

To: John Bourke
From: James Tran
Date: March 14
Subject: Company banquet

Hi John,

Luke Meriden will be retiring next month after 38 years at Hammett Corporation. On April 24, we are going to hold a banquet for him at the Harbor Front Restaurant. —[1]—. Some of Mr. Meriden's closest colleagues will be making short speeches about him at the event, and we want to know if you would be interested in doing so as well. Since you joined the company at the same time he did, your participation at the event would be greatly appreciated. I understand that since your retirement, you spend part of the year in Florida. —[2]—. I hope that you and your wife will be in Seattle and able to attend the event in April.

—[3]—. Keith Parker told me that we used to give plaques to retirees who had been with the company for a long time. This has not been done in recent years, but I think Luke should receive one because he has been with Hammett for so long. —[4]—. If you do, please let me know.

I look forward to hearing from you.

Sincerely,

James Tran
Human Resources
Hammett Corporation

19. What is Mr. Bourke being asked to do?

(A) Speak about a former coworker

(B) Organize an informal party

(C) Purchase a retirement gift

(D) Prepare a special meal

20. What is implied about Mr. Bourke?

(A) He has presented awards to coworkers at company events.

(B) He formerly worked in the human resources department.

(C) He began working at Hammett Corporation about 38 years ago.

(D) He is considering selling his real estate property in Florida.

21. In which of the positions marked [1], [2], [3], and [4] does the following sentence best belong?

"I was wondering if you remember the name of the company that made those for us."

(A) [1]

(B) [2]

(C) [3]

(D) [4]

Mr. Bourkeはこの E メールの受信者で、彼が頼まれていることが問われている。第1段落で、来月退職する元同僚の Mr. Meriden のために晩餐会が開かれることを伝え、Some of Mr. Meriden's closest colleagues will be making short speeches about him at the event, and we want to know if you would be interested in doing so as well. (この催しで Meriden さんの最も親しい数人の同僚が彼に関する短いスピーチをするのですが、あなたにもそれをしていただけないかと思っております) と述べている。よって、(A) Speak about a former coworker (元同僚について話す) が正解。

if you would be interested in doing so as well の部分が少し難しかったかもしれません。文字通り訳すと、「あなたもそれをすることに興味があるかどうか」になりますが、これは「あなたにもそれをしてほしい」ということを婉曲的に伝えるお願いの表現です。

また、それに続く文で、Since you joined the company at the same time he did, your participation at the event would be greatly appreciated. (あなたは彼と同時期に入社されているので、この催しにご参加いただけましたら大変ありがたいです) と述べていることからも、Mr. Bourke にスピーチをしてもらいたいということがわかります。

本文中で示唆されている内容に合う選択肢を選ぶ。第1段落に you joined the company at the same time he did (あなたは彼と同時期に入社された) とあることから、Mr. Bourke は Mr. Meriden と同時期に入社したことがわかる。また、冒頭の Luke Meriden will be retiring next month after 38 years at Hammett Corporation. (Luke Meriden は来月、Hammett Corporation での 38 年間の勤務を終え退職します) から、Mr. Meriden はこの会社に 38 年間勤務していることがわかる。それは彼が 38 年前に入社したことを意味し、Mr. Bourke の入社時期も 38 年前ということになる。よって、正解は (C) He began working at Hammett Corporation about 38 years ago. (約 38 年前に Hammett Corporation で働き始めた)。

imply は、はっきり言わずに間接的に伝えるという意味です。なので、imply の問題は間接的に示されている選択肢、はっきりそうだと述べられていないが本文の情報を関連付けるとそういうことになる、という選択肢が正解になります。この問題でも、Mr. Bourke が 38 年前に入社したとは述べられていませんが、38 年間勤務している Mr. Meriden と入社時期が同じであれば、必然的にそうなります。

I was wondering if you remember the name of the company that made those for us. (あなたは、記念盾を作っていた会社の名前を覚えていらっしゃるのではと思っております) を [4] の位置に入れると、those が2文前の plaques (記念盾) を受ける形になり、かつて行っていた退職者への記念盾の授与を再開したいという文脈に合う。

 those がフックになっています。those が何を受けているかに注目すると挿入位置を決めやすくなります。また、この1文が [4] に入ると、後ろの If you do が、If you remember the name of the company の意味になり、後続とも上手く繋がります。

頻出重要語
7

□ **banquet** 名 晩餐会、宴会
□ **retire** 動 退職する、引退する
□ **hold** 動 開催する
□ **close** 形 親しい
□ **colleague** 名 同僚 同 coworker
□ **since** 接 〜なので
□ **join** 動 (会社、団体などに) 入る
□ **participation** 名 参加
□ **greatly** 副 大変、とても
□ **appreciate** 動 ありがたく思う
□ **retirement** 名 退職

- □ **part of ~** ~の一部分
- □ **attend** 動 出席する
- □ **used to ~** かつて~していた
- □ **plaque** 名 記念盾（記念額）
- □ **retiree** 名 退職者
- □ **recent** 形 最近の
- □ **look forward to -ing** ~するのを楽しみにする
- □ **human resources** 人事 同 personnel
- □ **former** 形 以前の
- □ **organize** 動 準備する、計画する、~を組織する
- □ **informal** 形 インフォーマルな、カジュアルな
  反 formal 正式な
- □ **purchase** 動 購入する
- □ **prepare** 動 準備する
- □ **meal** 名 食事
- □ **imply** 動 示唆する
- □ **present** 動 授与する
- □ **award** 名 賞
- □ **formerly** 副 以前
- □ **consider** 動 検討する
- □ **consider -ing** ~することを検討する
- □ **real estate** 不動産
- □ **property** 名 （不動産の）物件
- □ **wonder if ~** ~かどうかと思う（= wonder whether ~）

問題19～21は次のEメールに関するものです。

受信者：John Bourke
送信者：James Tran
日付：3月14日
件名：会社の晩餐会

こんにちは、John

Luke Meridenは来月、Hammett Corporationでの38年間の勤務を終え退職します。4月24日に、私たちはHarbor Front Restaurantで彼のために晩餐会を開く予定です。この催しでMeridenさんの最も親しい数人の同僚が彼に関する短いスピーチをするのですが、あなたにもそれをしていただけないかと思っております。あなたは彼と同時期に入社されているので、この催しにご参加いただけましたら大変ありがたいです。あなたが退職以来、1年のうちの一定期間をFloridaで過ごされていることは存じておりますが、あなたと奥様が4月にSeattleにお越しになり、この催しにご出席されることを願います。

Keith Parkerが、当社に長年勤務した退職者にかつて記念盾を贈っていたと私に教えてくれました。これは近年、行われていませんが、Lukeはとても長い間Hammettに勤めているので、記念盾を受け取るべきだと考えております。あなたは、記念盾を作っていた会社の名前を覚えていらっしゃるのではと思っております。もし覚えていましたら教えてください。

ご連絡をお待ちしております。

敬具

James Tran

人事部

Hammett Corporation

19. Bourke さんは何をするように頼まれていますか。

(A) 元同僚について話す

(B) カジュアルなパーティーの準備をする

(C) 退職の贈り物を購入する

(D) 特別な食事を用意する

20. Bourke さんについて何が示唆されていますか。

(A) 会社の催しで同僚に賞を授与した。

(B) 以前、人事部で働いていた。

(C) 約38年前に Hammett Corporation で働き始めた。

(D) Florida の不動産物件の売却を検討している。

21. [1]、[2]、[3]、[4]と記載された箇所のうち、次の文が入るの
に最もふさわしいのはどれですか。

「あなたは、記念盾を作っていた会社の名前を覚えていらっ
しゃるのではと思っております」

(A) [1]

(B) [2]

(C) [3]

(D) [4]

8

Questions 22–24 refer to the following e-mail. ◀08

To: Sophie Khan
From: Lisa Drostova
Date: 8 January
Subject: Award nomination

Hi Sophie,

The National Tourism Association has announced its nominations for the Best Luxury Hotel Award, and the Emerald Inn is one of the five nominees. The celebrated Hotel Azur and Otahuna Suites have also been nominated, and both have been given the prize before.

As you probably know, the award was established twenty-five years ago to recognize hotels in New Zealand that offer outstanding service and lodging. Four years before I bought the Emerald Inn, it was nominated for the prize, which was ultimately given to another establishment right here in Queenstown. Let's hope it goes to us this year!

On 21 February, the winner will be announced and presented with the award at a ceremony at Cook Conference Hall in Wellington. Since you are the general manager, I would like you to fly there that morning, attend the ceremony, and stay the night before returning.

If you have any questions, please let me know.

Lisa

22. What aspect of business does the award honor?

   (A) High levels of customer satisfaction

   (B) Contributions to the tourism industry

   (C) Long years of service to the community

   (D) Excellence in service and accommodations

23. Who most likely is Ms. Drostova?

   (A) A travel agent

   (B) A hotel owner

   (C) A journalist

   (D) A tour guide

24. What is implied about the Emerald Inn?

   (A) It has received several awards.

   (B) It is located in Queenstown.

   (C) It has a highly rated restaurant.

   (D) Its manager will stay at the Hotel Azur.

第2段落に、the award was established twenty-five years ago to recognize hotels in New Zealand that offer out-standing service and lodging. (この賞は傑出したサービスと宿泊設備を提供する New Zealand のホテルを表彰するために25年前に設けられました) とある。ここから、この賞が評価するのはサービスと宿泊設備であるとわかるので、(D) Excellence in service and accommodations (サービスと宿泊設備における優秀さ) が正解。

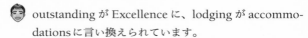

outstanding が Excellence に、lodging が accommodations に言い換えられています。

この問題は、(A) を選んだ人も多いのではないでしょうか。傑出したサービスと宿泊施設を提供していれば、それが顧客満足度の高さにつながると考えて、これを選んでしまいそうですが、本文中に顧客満足度に関する記述はありません。

第2段落に、Four years before I bought the Emerald Inn (私が Emerald Inn を買い取った年より4年前) とある。ここから、このEメールの書き手である Ms. Drostova がこのホテルの所有者であるとわかるので、(B) A hotel owner (ホテルのオーナー) が正解。

書き手の職業を問う問題では、I、my、me、we、our、us といった代名詞がポイントになります。見つけたらスピードを落として丁寧に読むよう心がけましょう。

逆に、文書の受取人に関する問題では、youやyour が解答のポイントになります。「誰が・誰に」出している文書なのかを把握するのは読解問題を解く際の基本ですから、こうした1人称・2人称の代名詞が誰を指しているのかは、必ず意識しながら読み進めましょう。

24. 正解 (B)

第2段落で、以前このホテルが賞にノミネートされた話をする中で、which was ultimately given to another establishment right here in Queenstown.（最終的に、ここQueenstownにある別のホテルへ授与されました）と述べている。right here in Queenstown（ここQueenstown）ということは、このホテルもQueenstownにあることになるので、(B) It is located in Queenstown.（Queenstownにある）が正解。

設問にimplyが入った推測問題なので、間接的に示されている内容が答えとなります。

□ **award** 名 賞

□ **nomination** 名 推薦

□ **announce** 動 発表する

□ **luxury** 名 ぜいたく、高級品

□ **nominee** 名 推薦された人・団体

□ **celebrated** 形 有名な

□ **nominate** 動 推薦する、ノミネートする

□ **probably** 副 おそらく

□ **establish** 動 設立する

□ **recognize** 動 表彰する

□ **offer** 動 提供する

□ **outstanding** 形 傑出した

□ **lodging** 名 宿泊施設

□ **prize** 名 賞 同 award

□ **ultimately** 副 最終的に

□ **establishment** 名 組織 同 organization

□ **winner** 名 受賞者

□ **present** 動 授与する

□ **ceremony** 名 式典

□ **general manager** 総支配人

□ **attend** 動 出席する

□ **return** 動 戻る

□ **aspect** 名 側面

□ **business** 名 事業

□ **honor** 動 高く評価する、栄誉を授ける

□ **customer satisfaction** 顧客満足度

□ **contribution** 名 貢献

□ **tourism industry** 観光業

□ **excellence** 名 優秀さ

□ **accommodation**　名 宿泊施設 (アメリカ英語では複数形のaccommodationsで使われることが多い。イギリス英語では不可算名詞)

□ **likely**　副 おそらく

□ **travel agent**　旅行代理店の社員

□ **imply**　動 示唆する

□ **several**　形 いくつかの

□ **be located in ～**　～にある　同 be situated in ～

□ **highly rated**　高い評価を受けている

問題22～24は次のEメールに関するものです。

受信者：Sophie Khan
送信者：Lisa Drostova
日付：1月8日
件名：賞の推薦

こんにちは、Sophie

全国観光協会が「最優秀高級ホテル賞」の候補を発表し、Emerald Innはその5つの候補のうちの1つに入っています。有名なHotel AzurとOtahuna Suitesも候補にノミネートされており、どちらも以前に受賞経験があります。

おそらくすでにご存じでしょうが、この賞は傑出したサービスと宿泊設備を提供するNew Zealandのホテルを表彰するために25年前に設けられました。私がEmerald Innを買い取った年より4年前にこのホテルは賞の候補にノミネートされましたが、最終的に、ここQueenstownにある別のホテルへ授与されました。今年は我々が取れることを期待しましょう！

受賞者は2月21日にWellingtonのCook Conference Hallで開催される式典で発表され、賞が授与されます。あなたは総支配人ですので、その朝に飛行機でWellingtonへ行き、式典に出席し、その晩一泊してから戻るようにしてもらいたいと思います。

何か質問があればお知らせください。

Lisa

22. この賞では、事業のどの側面が評価の対象になりますか。

(A) 高いレベルの顧客満足度
(B) 観光業への貢献
(C) 地域への長年の貢献
(D) サービスと宿泊設備における優秀さ

23. Drostova さんは誰だと考えられますか。

(A) 旅行代理店の社員
(B) ホテルのオーナー
(C) ジャーナリスト
(D) ツアーガイド

24. Emerald Inn について何が示唆されていますか。

(A) いくつかの賞を獲得している。
(B) Queenstown にある。
(C) 高い評価を受けているレストランがある。
(D) 支配人が Hotel Azur に泊まる。

9

Questions 25–27 refer to the following letter.   ◀ 09

Public Utilities Commission
2526 Thompson Street
Anaheim, CA 92805

August 4

Rob Donnelly
4807 Dennison Street
Anaheim, CA 92805

Dear Mr. Donnelly,

On August 1, we read your electricity meter for the July billing period and found that your electricity usage was higher than in previous months. Specifically, while you usually use an average of 600 kilowatt-hours per month, in July you used over 1,000 kilowatt-hours. Therefore, your bill for July is almost twice as high as what you are used to paying.

We have confirmed that your meter is working properly. If you cannot account for the additional usage of electricity, you should check to make sure that you have not forgotten to turn off any non-essential appliances at your house. In cases where a sharp increase in usage has been identified, the most common source of the problem is an air conditioner that has been left on. Other causes have included malfunctioning refrigerators as well as heaters and fans left running continuously.

Should you have any questions regarding your bill or increase in electricity usage, please contact us.

Sincerely,

Sienna James

Sienna James
Public Utilities Commission

25. Why is the letter being sent to Mr. Donnelly?

(A) To provide instructions for installing equipment

(B) To explain a correction shown on a utility bill

(C) To notify him that a payment will soon be overdue

(D) To inform him about a change in energy consumption

26. What is indicated about Mr. Donnelly in the letter?

(A) His electricity meter is checked every month.

(B) His neighborhood was affected by a power outage.

(C) He recently changed his residential address in Anaheim.

(D) He received the wrong paperwork from an electric company.

27. What device is NOT mentioned as a possible cause of high electricity usage?

(A) Air conditioners

(B) Computers

(C) Refrigerators

(D) Heaters

冒頭で、On August 1, we read your electricity meter for
the July billing period and found that your electricity
usage was higher than in previous months. (8月1日にあ
なたの7月の支払請求期間の電気メーター検針を行った結果、
電気使用量が前月より高いことがわかりました) と伝え、次
の文で具体的にどのくらい増えたか報告している。よって、
(D) To inform him about a change in energy consumption
(電力消費量の変化について知らせるため) が正解。

> 文書の目的を尋ねる問題は、第1段落を丁寧に読むと
> 解けることが多いです。常に正解の根拠となる部分を
> 見つけて、答えを選ぶようにしてください。

26. 正解 (A)

第1段落で、7月の支払請求期間の電気メーター検針を行っ
たこと、通常1カ月平均600 kWhの電気使用量が7月は
1,000 kWhを超えたこと、7月の電気料金は通常の2倍近く
になることが伝えられている。これらの内容から、電気のメ
ーターは毎月チェックされていると推測できるので、(A) His
electricity meter is checked every month. (電気メーター
は、毎月確認されている) が正解。

> What is indicated about X? という設問では、答えの
> 根拠が本文中に明示されている場合と、推測が必要な
> 場合とがあります。ここでは、本文中に、「電気メーター
> は、毎月確認されている」とは書かれていませんが、本
> 文中の情報から推測して答えます。

第2段落に、the most common source of the problem is
an air conditioner that has been left on. Other causes
have included malfunctioning refrigerators as well as
heaters and fans left running continuously. (最もよくある
原因は、エアコンがオンのままになっていることです。他の
原因には、冷蔵庫の故障、ヒーターや扇風機が継続的に作動
状態のままになっていることなどがあります) とある。ここで
エアコン、冷蔵庫、ヒーターは挙げられているが、コンピュ
ーターはないので、正解は (B)。

 NOT問題でしたが、選択肢が単語で、関連情報が2文
にまとまっていたので、解きやすかったのではないで
しょうか。

- □ **public** 形 公共の
- □ **utility** 名 (複数形utilitiesで)(電気、ガス、水道などの) 公益事業
- □ **commission** 名 委員会
- □ **electricity** 名 電気、電力
- □ **billing period** 支払請求期間
- □ **usage** 名 使用、使用量
- □ **previous** 形 前の
- □ **specifically** 副 具体的には
- □ **while** 接 ～であるのに対して 同 whereas
- □ **usually** 副 通常は
- □ **average** 名 平均
- □ **kilowatt-hour** 名 kWh、キロワットアワー (電気使用量の単位)
- □ **per** 前 ～につき
- □ **therefore** 副 したがって
- □ **bill** 名 請求書
- □ **confirm** 動 確認する
- □ **properly** 副 正常に
- □ **account for ～** ～の説明をする
- □ **additional** 形 追加の
- □ **make sure** 確認する
- □ **turn off** 電源を切る
- □ **non-essential** 形 非必須の
- □ **appliance** 名 電化製品
- □ **sharp** 形 急激な
- □ **increase** 名 増加
- □ **identify** 動 見つける、特定する
- □ **common** 形 よくある

□ **source** 名 源、原因

□ **cause** 名 原因

□ **include** 動 含む

□ **malfunction** 動 正常に機能しない 反 function 機能する

□ **refrigerator** 名 冷蔵庫（略称：fridge）

□ **continuously** 副 継続的に

□ **Should you ～** もし～なら（If you should ～のshouldが文頭に来てIfが省略された形）

□ **regarding** 前 ～に関する 同 about, concerning

□ **contact** 動 連絡する

□ **provide** 動 提供する

□ **instruction** 名 （複数形instructionsで）説明、説明書、指示

□ **explain** 動 説明する

□ **correction** 名 訂正

□ **notify** 動 知らせる 同 inform

□ **payment** 名 支払い

□ **overdue** 形 期限を過ぎた

□ **inform** 動 知らせる 同 notify

□ **consumption** 名 消費、消費量

□ **neighborhood** 名 近隣、近所

□ **affect** 動 影響を与える

□ **power outage** 停電

□ **recently** 副 最近

□ **residential** 形 居住の

□ **paperwork** 名 書類、手続きに必要な文書

□ **device** 名 機器

□ **possible** 形 可能性のある

問題25 ～ 27 は次の手紙に関するものです。

公益事業委員会
2526 Thompson Street
Anaheim, CA 92805

8月4日

Rob Donnelly
4807 Dennison Street
Anaheim, CA 92805

Donnelly 様

8月1日にあなたの7月の支払請求期間の電気メーター検針を行った結果、電気使用量が前月より高いことがわかりました。具体的には、通常1カ月平均600 kWhを使用するのに対して、7月の使用量は1,000 kWhを超えました。したがいまして、7月分の請求はいつもお支払いいただいている額の2倍近くになっています。

メーターが正常に作動していることは確認済みです。もしこの追加の電気使用の説明がつかない場合は、ご自宅の非必須の電化製品の電源を切り忘れていないか確認するために点検を行ってください。使用量の急激な増加が見つかったケースで、最もよくある原因は、エアコンがオンのままになっていることです。他の原因には、冷蔵庫の故障、ヒーターや扇風機が継続的に作動状態のままになっていることなどがあります。

請求書や電気使用量の増加についてご質問があれば、当方にご連絡ください。

敬具

Sienna James
公益事業委員会

25. 手紙はなぜDonnellyさんに送られていますか。

(A) 機器設置の説明を提供するため
(B) 公共料金請求書に示された訂正の説明をするため
(C) 間もなく支払い期限が来ることを知らせるため
(D) 電力消費量の変化について知らせるため

26. 手紙では、Donnellyさんについて何が示されていますか。

(A) 電気メーターは、毎月確認されている。
(B) 近隣が停電の影響を受けた。
(C) 最近、Anaheimにある居住地を変更した。
(D) 電力会社から誤った書類を受け取った。

27. 高電力使用量の可能性のある原因として、述べられていないのはどの機器ですか。

(A) エアコン
(B) コンピューター
(C) 冷蔵庫
(D) ヒーター

10

Questions 28–30 refer to the following e-mail. 🔊 10

To: All CBCC members
From: Dean Walton, CBCC President
Date: March 4
Re: Monthly meeting

Dear Member,

You are invited to the Calgary Business Community Club (CBCC) meeting to be held from 6:30 P.M. to 8:00 P.M. on March 17. Former club president Jason Wells will be leading a discussion on some of the club's plans for this year. These include updates about next month's marketing strategy workshops we are organizing and the golf tournament our club holds every summer. Mark Druthers, who is responsible for our Web site, will then ask members to share their opinions on the information we provide online. We will also talk about the results of the questionnaire all members filled out in February.

Devoted to helping Calgary businesses grow, we are always looking for new members. If you know anyone who may be interested, please forward this e-mail and let them know they are welcome to join us. Our monthly meeting is at the Newfield Town Hall at 5256 Seventh Avenue. If you have any questions, please get in touch.

Best regards,

Dean

28. According to the e-mail, what will happen on March 17?

(A) A new club president will be appointed.

(B) A questionnaire survey will be conducted.

(C) A regular meeting will take place.

(D) A recruitment campaign will commence.

29. What discussion topic is NOT mentioned in the e-mail?

(A) Marketing workshops

(B) Research findings

(C) An annual competition

(D) Volunteer opportunities

30. What is Mr. Druthers expected to do?

(A) Give a presentation

(B) Solicit feedback

(C) Distribute forms

(D) Specify a venue

March 17という日付は、冒頭のYou are invited to the Calgary Business Community Club (CBCC) meeting to be held from 6:30 P.M. to 8:00 P.M. on March 17. (3月17日の午後6時30分から午後8時まで開催されるCalgary Business Community Club (CBCC) のミーティングにご招待いたします) にある。ここから、3月17日にミーティングが行われることがわかる。また、Eメールの件名がMonthly meeting (月例ミーティング) となっているので、このミーティングが毎月行われているものであるとわかる。よって、(C) A regular meeting will take place. (定例ミーティングが開催される) が正解。

😊 冒頭部分だけだと、このミーティングが、regular (定期的な) かどうかはわかりません。件名のMonthly (月例) という単語でしっかり正解の裏づけをとりたいところです。

第1段落で示されているミーティングでの討議トピックとして、(A)はmarketing strategy workshops (マーケティング戦略のワークショップ)、(B)はthe results of the question-naire (アンケートの結果)、(C)はthe golf tournament our club holds every summer (毎年クラブが夏に開催するゴルフトーナメント) が対応している。ボランティアの機会に関する記述はないので、(D)が正解。

討議トピックは第1段落にまとまって出てくるので、解きやすかったのではないでしょうか。

 Research findings = the results of the questionnaire、An annual competition = the golf tournament our club holds every summerの言い換えもポイントです。

30. 正解 （B）

第1段落に、Mark Druthers, who is responsible for our Web site, will then ask members to share their opinions on the information we provide online. (その後、ウェブサイト担当のMark Druthersが、オンライン上でクラブが提供している情報について、みなさんに意見を共有していただくお願いをします) とある。彼はメンバーにオンライン上の情報に関する意見を出してもらうように頼むことになっているので、(B) Solicit feedback (フィードバックを求める) が正解。

 solicit も feedback も本文中には出ていませんが、意見を求めることはsolicit、ウェブサイト上の情報に関する意見はfeedbackに言い換えることができます。

- □ **monthly** 形 月例の
- □ **invite** 動 招待する
- □ **be held** 行われる 同 take place
- □ **former** 形 前の
- □ **president** 名 会長
- □ **lead** 動 進行役を務める
- □ **discussion** 名 討議
- □ **include** 動 含む
- □ **update** 名 アップデート、更新情報
- □ **strategy** 名 戦略
- □ **organize** 動 準備する
- □ **tournament** 名 トーナメント
- □ **hold** 動 開催する
- □ **be responsible for ～** ～の担当である
- □ **share** 動 共有する
- □ **provide** 動 提供する
- □ **result** 名 結果
- □ **questionnaire** 名 アンケート
- □ **fill out** 記入する 同 complete
- □ **devoted to -ing** ～するのに全力で取り組んでいる
  同 dedicated to, committed to
- □ **look for** 探す 同 seek
- □ **interested** 形 興味がある
- □ **forward** 動 転送する
- □ **welcome** 形 歓迎されている
- □ **join** 動 入る
- □ **get in touch** 連絡する
- □ **happen** 動 起こる
- □ **appoint** 動 任命する

- □ **survey** 名 調査
- □ **conduct** 動 行う
- □ **regular** 形 定期的な
- □ **take place** 開催される
- □ **recruitment** 名 人を入れること
- □ **commence** 動 始まる
- □ **mention** 動 述べる
- □ **research findings** 調査結果、研究結果
- □ **annual** 形 毎年の 同 yearly
- □ **competition** 名 競技会
- □ **opportunity** 名 機会
- □ **be expected to ～** ～することになっている
- □ **solicit** 動 求める
- □ **distribute** 動 配布する
- □ **specify** 動 指定する
- □ **venue** 名 会場

問題28〜30は次のEメールに関するものです。

受信者：全CBCCメンバー
送信者：Dean Walton（CBCC会長）
日付：3月4日
件名：月例ミーティング

メンバー各位

3月17日の午後6時30分から午後8時まで開催されるCalgary Business Community Club（CBCC）のミーティングにご招待いたします。クラブの元会長のJason Wellsが、今年のクラブの予定に関する討議の進行役を務めます。これには、我々が準備している来月のマーケティング戦略のワークショップのアップデートと、毎年クラブが夏に開催するゴルフトーナメントが含まれます。その後、ウェブサイト担当のMark Druthersが、オンライン上でクラブが提供している情報について、みなさんに意見を共有していただくお願いをします。また、全メンバーが2月に記入したアンケートの結果についても話し合います。

当クラブは、Calgaryの企業の成長を援助することに専念し、常に新しいメンバーを探しています。興味がありそうな方をご存じでしたら、このメールを転送して、入会を歓迎することをお伝えください。月例ミーティングは、5256 Seventh AvenueのNewfield Town Hallで行われます。もし質問があれば、ご連絡ください。

敬具

Dean

28. Eメールによると、3月17日に何がありますか。

(A) クラブの新しい会長が任命される。
(B) アンケート調査が行われる。
(C) 定例ミーティングが開催される。
(D) 入会キャンペーンが始まる。

29. Eメールで述べられていないのはどの討議トピックですか。

(A) マーケティングのワークショップ
(B) 調査結果
(C) 年次の競技会
(D) ボランティアの機会

30. Druthersさんは何をすることになっていますか。

(A) プレゼンをする
(B) フィードバックを求める
(C) 用紙を配布する
(D) 会場を指定する

Questions 31–33 refer to the following letter. ◀ 11

July 18

Aidan Rogers
Creative Director
Hemet Skincare
3549 Chestnut Street
Allentown, PA 18105

Dear Mr. Rogers:

I am writing to you at the request of Hanae Hirayama, a former employee of our company who has recently moved to Allentown and applied for a position at your organization. I was Ms. Hirayama's manager for about five years, during which time she worked as a researcher for Cosmo Arts. Her role mainly involved research and analysis of cosmetic and healthcare products. As part of her job, she mastered a variety of testing methods and gained extensive knowledge of the oil, lotion, and powder products we develop and sell.

Ms. Hirayama was a key member of our laboratory's research team. In fact, while working for Cosmo Arts, she and her colleagues received a Future Scientists of America (FSA) award from the National Institute of Health for a study of common skin irritants.

I am confident that Ms. Hirayama will be a valuable asset to Hemet Skincare. She is a fast learner and very good at articulating her ideas verbally and in writing. At Cosmo Arts, she was particularly valued for her enthusiasm and encouragement of fellow team members.

For these reasons, I can highly recommend Ms. Hirayama. Should you require any additional information about her, feel free to contact me at 555-0154.

Sincerely,

Stephanie Manning

Stephanie Manning

31. Why was the letter written?

   (A) To propose a collaboration with an institution

   (B) To inquire about employment opportunities

   (C) To provide a reference for a job candidate

   (D) To profile the career of a prominent executive

32. What is indicated about Ms. Hirayama?

   (A) She submitted an article to a scientific journal.

   (B) She is capable of expressing her thoughts well.

   (C) She has already met with Mr. Rogers in person.

   (D) She was once employed at a government agency.

33. What is NOT mentioned about Ms. Hirayama in the letter?

   (A) Her experience as a project manager

   (B) Her knowledge of cosmetic products

   (C) Her support of fellow employees

   (D) Her ability to learn quickly

冒頭に、I am writing to you at the request of Hanae Hirayama, a former employee of our company who has recently moved to Allentown and applied for a position at your organization. (弊社の元従業員で、最近 Allentown に転居し貴社の求人に応募している Hanae Hirayama の依頼によりご連絡しております) とあり、続いて彼女の仕事ぶりが肯定的に述べられ、最後に彼女を強く推薦している。この手紙は、求職中の元部下の推薦状なので、(C) To provide a reference for a job candidate (求人応募者のために推薦状を提供するため) が正解。

reference は、「推薦状、推薦人」の意味で、TOEIC の頻出単語です。英語圏では、求人に応募する際、「推薦状 (応募者の身元や能力を保証するレター)」や「推薦人 (応募者の身元や能力を保証してくれる人)」が必要になることがよくあります。

推薦状をチェックしたり、推薦人に問い合わせたりすることで、応募者の以前の勤務状況や能力を確認するわけです。TOEIC の Part 7 では、推薦状そのものに加え、推薦状の執筆依頼や、推薦人への確認の文書も出題されますから、背景知識として押さえておきましょう。

第3段落に、She is a fast learner and very good at articulating her ideas verbally and in writing. (彼女は習得が早く、口頭と文書の両方で自分の考えを明確に伝えることに長けています) とある。よって、very good at articulating her ideas (自分の考えを明確に伝えることに長けている) の部分の言い換えになっている (B) She is capable of expressing her thoughts well. (自分の考えを上手く表現することができる) が正解。

 articulate は、「(考えなどを) 明確に伝える」という意味の単語で、難しかったかもしれませんが、前後の文脈から意味を推測したいところです。

皮膚刺激物の研究で科学関係の賞を取ったという記載はありますが、科学誌に論文を投稿したとは明記されていませんので、(A) を選んではいけません。

本文で述べられていない選択肢を選ぶ。(B) は第1段落の extensive knowledge of the oil, lotion, and powder products we develop and sell (弊社が開発および販売しているオイル製品、ローション製品、パウダー製品に関する幅広い知識)、(C) は第3段落の encouragement of fellow team members (他のチームメンバーへの励まし)、(D) は第3段落の She is a fast learner (彼女は習得が早い) に対応している。プロジェクトマネージャーとしての経験に関する記述はないので、(A) が正解。

NOT問題では、本文の内容と合致する選択肢を消去していく方法で解くのが基本です。ただ、確認作業に時間を要するので、残り時間に応じて臨機応変に対応しましょう。たとえば、この問題では、本文中にprojectに関する記載がまったくないので、(A)が正解の可能性が高いと判断できます。時間に追われていたら、他の選択肢には目を通さず、すぐに次の問題に進むのも一つの戦略です。

□ **at the request of ～**　～の依頼により
□ **former**　形 以前の
□ **employee**　名 従業員
□ **move to ～**　～に引っ越す
□ **apply for ～**　～に応募する
□ **position**　名 職
□ **organization**　名 会社、組織
□ **researcher**　名 研究員
□ **role**　名 役割
□ **mainly**　副 主に
□ **involve**　動 含む、関わる
□ **research**　名 研究
□ **analysis**　名 分析
□ **cosmetic**　形 美容のための
□ **healthcare**　名 健康管理
□ **master**　動 習得する
□ **a variety of ～**　様々な～
□ **testing**　名 検査
□ **method**　名 方法
□ **gain**　動 得る
□ **extensive**　形 幅広い
□ **knowledge**　名 知識
□ **develop**　動 開発する
□ **key**　形 鍵となる、主要な、重要な
□ **laboratory**　名 研究所
□ **while**　接 ～の間
□ **colleague**　名 同僚　同 coworker
□ **scientist**　名 科学者
□ **award**　名 賞

- □ **institute** 名 研究所
- □ **common** 形 一般的な
- □ **irritant** 名 刺激物
- □ **confident** 形 自信がある
- □ **valuable** 形 価値のある
- □ **asset** 名 有用な人材
- □ **fast learner** 習得の早い人
- □ **articulate** 動 (考えなどを) 明確に伝える
- □ **verbally** 副 口頭で
- □ **in writing** 文書で
- □ **particularly** 副 特に
- □ **value** 動 高く評価する
- □ **enthusiasm** 名 熱意
- □ **encouragement** 名 励まし
- □ **fellow** 名 仲間、同士
- □ **reason** 名 理由
- □ **highly** 副 強く
- □ **recommend** 動 推薦する
- □ **Should you ～** もし～なら (If you should ～のshould が文頭に来てIfが省略された形)
- □ **require** 動 必要とする
- □ **feel free to ～** 遠慮なく～してください
- □ **propose** 動 提案する
- □ **collaboration** 名 協力
- □ **institution** 名 団体
- □ **inquire** 動 尋ねる
- □ **employment** 名 雇用
- □ **opportunity** 名 機会
- □ **provide** 動 提供する

- □ **reference** 名 推薦状
- □ **candidate** 名 候補者
- □ **profile** 動 概略を記す
- □ **prominent** 形 有名な
- □ **executive** 名 重役、役員
- □ **indicate** 動 示す
- □ **submit** 動 投稿する、提出する
- □ **article** 名 論文、記事
- □ **scientific journal** 科学誌
- □ **be capable of -ing** ～することができる
- □ **express** 動 表現する
- □ **thought** 名 考え
- □ **in person** 直接
- □ **employ** 動 雇う
- □ **government agency** 政府機関
- □ **ability** 名 能力

問題31〜33は次の手紙に関するものです。

7月18日

Aidan Rogers
クリエイティブディレクター
Hemet Skincare
3549 Chestnut Street
Allentown, PA 18105

Rogers様

弊社の元従業員で、最近Allentown に転居し貴社の求人に応募しているHanae Hirayamaの依頼によりご連絡しております。私は約5年間、Hirayamaさんのマネージャーで、その期間、彼女はCosmo Artsの研究員として働いていました。彼女の役割は主に化粧品およびヘルスケア製品の調査と分析でした。仕事の一環として、彼女は様々な検査手法を習得し、弊社が開発および販売しているオイル製品、ローション製品、パウダー製品に関する幅広い知識を得ました。

Hirayamaさんは、弊社研究所チームの主要メンバーでした。実際、Cosmo Artsに勤務していた期間に、彼女は同僚と共に、一般的な皮膚刺激物の研究に対して国立衛生研究所からFuture Scientists of America (FSA)賞を受けました。

私は、HirayamaさんがHemet Skincareにとって貴重な人材になると確信しております。彼女は習得が早く、口頭と文書の両方で自分の考えを明確に伝えることに長けています。Cosmo

Arts では、彼女は特に熱意と他のチームメンバーへの励ましで、高く評価されていました。

これらの理由から、私は Hirayama さんを強く推薦いたします。彼女について追加の情報が必要でしたら、ご遠慮なく 555-0154 まで私にご連絡ください。

敬具

Stephanie Manning

31. 手紙はなぜ書かれたのですか。

(A) 団体との連携を提案するため
(B) 雇用機会について尋ねるため
(C) 求人応募者のために推薦状を提供するため
(D) 有名な重役のキャリアの概略を記すため

32. Hirayama さんについてなにが示されていますか。

(A) 科学誌に論文を投稿した。
(B) 自分の考えを上手く表現することができる。
(C) 既に Rogers さんに直接会っている。
(D) 一度、政府機関に雇われたことがある。

33. 手紙で Hirayama さんについて述べられていないのはどれですか。

(A) プロジェクトマネージャーとしての経験
(B) 化粧品についての知識
(C) 同僚への支援
(D) 早く学ぶ能力

Questions 34–36 refer to the following e-mail. ◀ 12

To: Anna Stephenson
From: Mario Beppe
Date: June 16
Subject: Weekly deliveries

Dear Ms. Stephenson:

I regret to inform you that we will no longer be able to do business with Farmers Market. Alfonso's Pizzeria will be closing at the end of this month, which means we must cancel our order for weekly deliveries of canned tomatoes and mushrooms as well as bottles of tomato puree. —[1]—. Directly after this delivery, we will pay for all the products we received from you this month.

You have always provided high-quality products that have helped to make our pizzas famous among the people of Port Laverne. —[2]—. We are also grateful to you for always getting our items to us on time and being cooperative with us when we have had to make last-minute changes to an order.

The reason we will be closing is that the city has declared our building unsafe due to its age and water damage in its walls. —[3]—. Its owners will have the building torn down before September. Although we are uncertain as to whether or not we will reopen Alfonso's at a different location in Port Laverne, we will be sure to contact you with new orders if we decide to do so. —[4]—.

With gratitude,

Mario Beppe

34. What is the purpose of the e-mail?

  (A) To complain about a late shipment

  (B) To terminate a business arrangement

  (C) To postpone the delivery of an order

  (D) To request some billing information

35. What is implied about Alfonso's Pizzeria?

  (A) It is currently under renovation.

  (B) It is in a building owned by Mr. Beppe.

  (C) It only uses locally grown ingredients.

  (D) It has a good reputation in Port Laverne.

36. In which of the positions marked [1], [2], [3], and [4] does the following sentence best belong?

  "Our June 22 shipment will be the last."

  (A) [1]

  (B) [2]

  (C) [3]

  (D) [4]

冒頭に、I regret to inform you that we will no longer be able to do business with Farmers Market. Alfonso's Pizzeria will be closing at the end of this month, which means we must cancel our order for weekly deliveries of canned tomatoes and mushrooms as well as bottles of tomato puree.（残念ですが、当店が今後、Farmers Market とお取引できなくなることをお知らせします。Alfonso's Pizzeria は、今月末に閉店いたしますので、それに伴い缶詰のトマトとマッシュルーム並びに瓶詰のトマトピューレの毎週の配達をキャンセルしなければなりません）とある。閉店に伴い、毎週の配達をキャンセルすることを伝えるのが目的なので、(B) To terminate a business arrangement（ビジネス上の取り決めを終わらせること）と言い換えられる。

 アーノルド・シュワルツェネッガーが殺人アンドロイドとして登場する映画『The Terminator（ターミネーター）』は、直訳すると「終わらせる人」です。名詞の termination（終了）も覚えておきましょう。

第2段落に、You have always provided high-quality products that have helped to make our pizzas famous among the people of Port Laverne.（御社は当店のピザを Port Laverne の人々の間で有名にするのに貢献した質の高い製品を常に提供してくださいました）とある。この店のピザは Port Laverne の人々の間で有名ということなので、(D)

It has a good reputation in Port Laverne. (Port Laverne
で評判が良い) と言える。

 設問に imply (示唆する) が入っているので、間接的に
示されている内容を選びます。この問題では、ピザが
地元の人たちの間で有名という本文中の記述から、評
判の良い店であるということを推測します。

36. 正解 (A)

Our June 22 shipment will be the last. (6月22日の配送が
最後になります) を [1] に入れると、前後の文で deliveries/
delivery (配達) の話をしているので、「毎週の配達をキャン
セルしなければなりません」「6月22日の配送が最後になり
ます」「この配達のすぐ後、支払いをします」という流れにな
り、上手く繋がる。

 deliveries/delivery と shipment の繋がりに加えて、[1]
の後ろの文にある this もフックになります。this delivery
(この配達) が6月22日の最後の配送を受ける形になり
ます。

- □ **weekly** 形 毎週の
- □ **delivery** 名 配達
- □ **regret to** ～ 残念ながら～する
- □ **inform** 動 知らせる 同 notify
- □ **no longer** ～ もはや～でない
- □ **do business** 商取引を行う
- □ **close** 動 閉店する
- □ **mean** 動 意味する
- □ **cancel** 動 中止する、キャンセルする
- □ **order** 名 注文
- □ **canned** 形 缶詰の
- □ **directly** 副 すぐ
- □ **product** 名 商品、製品
- □ **provide** 動 提供する
- □ **high-quality** 形 質の高い
- □ **among** 前 ～の間で
- □ **grateful** 形 感謝している
- □ **on time** 予定通りに
- □ **cooperative** 形 協力的な
- □ **last-minute** 形 土壇場の
- □ **declare** 動 宣言する
- □ **unsafe** 形 安全でない
- □ **due to** ～ ～のため 同 because of
- □ **damage** 名 損傷
- □ **tear down** 取り壊す（tearの過去形はtore、過去分詞は torn）
- □ **uncertain** 形 確かではない
- □ **as to whether or not** ～ ～かどうかについては
- □ **reopen** 動 再び開店する

□ **location** 名 場所

□ **be sure to ～** 必ず～する

□ **contact** 動 連絡する

□ **with gratitude** 感謝を込めて

□ **complain** 動 苦情を言う

□ **terminate** 動 終わらせる

□ **arrangement** 名 取り決め

□ **postpone** 動 延期する 同 put off

□ **billing information** 請求書情報

□ **imply** 動 示唆する

□ **currently** 副 現在

□ **under renovation** 改装中

□ **locally** 副 地元で

□ **locally grown** 地元で生産された

□ **ingredient** 名 食材

□ **reputation** 名 評判

□ **shipment** 名 配送

問題34～36は次のEメールに関するものです。

受信者：Anna Stephenson
送信者：Mario Beppe
日付：6月16日
件名：毎週の配達

Stephenson様

残念ですが、当店が今後、Farmers Marketとお取引できなく
なることをお知らせします。Alfonso's Pizzeriaは、今月末に閉
店いたしますので、それに伴い缶詰のトマトとマッシュルーム並
びに瓶詰のトマトピューレの毎週の配達をキャンセルしなければ
なりません。6月22日の配送が最後になります。この配達のす
ぐ後、今月御社から受け取ったすべての商品のお支払いをいた
します。

御社は当店のピザをPort Laverneの人々の間で有名にするのに
貢献した質の高い製品を常に提供してくださいました。また、御
社が常に予定通りの配達をしてくださり、当店が土壇場の注文
変更をせざるをえなかったときも協力的でいてくださったことに
感謝しております。

当店が閉店する理由は、当店の入っているビルが、老朽化と水
害による壁の損傷のため、市当局が安全でないと宣言したから
です。所有者はビルを9月より前に取り壊す予定です。Port
Laverneの別の場所でAlfonso'sを再び開店するかどうかはわ
かりませんが、そうすると決めた際は、必ずご連絡して新たに注
文をいたします。

感謝を込めて

Mario Beppe

34. Eメールの目的は何ですか。

    (A) 発送の遅れに対して苦情を述べること
    (B) ビジネス上の取り決めを終わらせること
    (C) 注文の配達を延期すること
    (D) 請求書情報を求めること

35. Alfonso's Pizzeria について何が示唆されていますか。

    (A) 現在、改装中である。
    (B) Beppe さんが所有する建物の中にある。
    (C) 地元で生産された食材だけを使う。
    (D) Port Laverne で評判が良い。

36. [1]、[2]、[3]、[4]と記載された箇所のうち、次の文が入るの
    に最もふさわしいのはどれですか。

    「6月22日の配送が最後になります」

    (A) [1]
    (B) [2]
    (C) [3]
    (D) [4]

13

Questions 37–39 refer to the following e-mail. ◀13

To: Jake Coleman
From: Alicia McLean
Date: November 28
Subject: Software engineer position

Dear Mr. Coleman,

It was a pleasure meeting you last week, and I was delighted to have the opportunity to go over my qualifications and experience with you. I was also very pleased to receive your November 26 message informing me that you and your associates had decided to offer me a position at Solidia Solutions. Yesterday, however, I accepted a job offer from Wave-Ware, another company that specializes in software for financial institutions.

As I mentioned during last week's interview, I have a lot of respect for Solidia Solutions' management style and treatment of employees. It was therefore difficult for me to accept another company's offer. Please understand that my decision was largely based on my desire to remain here in Miami, where I recently bought a house. Had location not been a factor, I am certain that I would have accepted your offer.

I am still planning to attend your company's annual software development forum in Las Vegas next year, and I'm really looking forward to hearing you and your colleague speak at the event.

Thank you again for your time and consideration.

Sincerely,

Alicia McLean

37. Why did Ms. McLean write the e-mail?

    (A) To accept a position

    (B) To decline a job offer

    (C) To schedule an interview

    (D) To review some qualifications

38. Where is Mr. Coleman employed?

    (A) At a financial institution

    (B) At a technical college

    (C) At a software company

    (D) At a real estate agency

39. What does Ms. McLean indicate about Wave-Ware?

    (A) It holds a forum on an annual basis.

    (B) It is closer to her house than Solidia Solutions.

    (C) It was founded by her former employer.

    (D) It has contributed several donations to a charity.

第1段落に、I was also very pleased to receive your November 26 message informing me that you and your associates had decided to offer me a position at Solidia Solutions. Yesterday, however, I accepted a job offer from Wave-Ware, another company that specializes in software for financial institutions. (また、あなたと共同経営者の方々が私にSolidia Solutionsでの職をオファーしてくださる決定をしたという11月26日のメッセージをいただき、うれしい限りです。しかし、私は昨日、金融機関向けのソフトウェアを専門とする別の会社のWave-Wareからの職のオファーを受諾しました) とある。仕事のオファーを出してくれた会社に、別の会社からのオファーを引き受けたと伝えているので、このEメールが書かれた理由は、(B) To decline a job offer (職のオファーを断るため) と言える。

冒頭からの話の流れが、however (しかし) で変わることを見逃してしまうと、(A) を選んでしまうかもしれません。「接続語で話の流れをつかむ」というのは長文読解の基本ですから、以下のような接続語の意味と用法は押さえておきましょう。

① 対比：instead (代わりに)、alternatively (代わりに)
② 反意・対立：however (しかし)、although (〜にもかかわらず)、nevertheless (〜にもかかわらず)
③ 特記：specifically (特に、具体的には)、particularly (特に)
④ 追加情報：furthermore (さらに)、moreover (さらに)、additionally (加えて)

⑤ 原因・結果：therefore（よって）、consequently（その結果）、accordingly（その結果）

38. 正解 (C)

Mr. Colemanは、このEメールの受信者で、Solidia Solutionsで働いている。そして、書き手のMs. McLeanは、第1段落でSolidia Solutionsのオファーを辞退することを伝える中で、Yesterday, however, I accepted a job offer from Wave-Ware, another company that specializes in software for financial institutions.（しかし、私は昨日、金融機関向けのソフトウェアを専門とする別の会社のWave-Ware からの職のオファーを受諾しました）と述べている。another company that specializes in software for financial institutions（金融機関向けのソフトウェアを専門とする別の会社）ということから、Mr. Colemanの勤務するSolidia Solutionsも金融機関向けのソフトウェアを専門とする会社であるとわかるので、(C) At a software company（ソフトウェア会社）が正解。

 このEメールの件名がSoftware engineer position（ソフトウェアエンジニアの職）であることも大きなヒントになります。ソフトウェアエンジニアを雇うのは、ソフトウェア会社である可能性が高いので。また、第3段落のI am still planning to attend your company's annual software development forum in Las Vegas next year（私は来年Las Vegasで行われる御社の年次ソフトウェア開発フォーラムにまだ参加する予定でおります）からも、ソフトウェア開発フォーラムを開催す

る会社なのでソフトウェア会社であろうという予測が
つきます。

39. 正解 (B)

第2段落に、Please understand that my decision was
largely based on my desire to remain here in Miami,
where I recently bought a house. Had location not been
a factor, I am certain that I would have accepted your
offer.（私の決定は、主に最近家を買ったばかりのここマイア
ミにとどまりたいという願いによるものであったことをご理
解ください。場所が要因でなければ、間違いなく御社のオフ
ァーを受諾しておりました）とある。Solidia Solutionsのオ
ファーを断って、Wave-Wareを選んだのは、家のあるマイア
ミにとどまりたいからである。ということは、Wave-Wareが
彼女の家から通勤圏内であるのに対して、Solidia Solutions
は通勤圏外であることを意味する。よって、(B) It is closer
to her house than Solidia Solutions.（Solidia Solutions
よりも彼女の家に近い）が正解。

Had location not been a factor, I am certain that I
would have accepted your offer. は、仮定法過去完了
の倒置形で、難しかったかもしれません。これは、If
location had not been a factor の had が文頭に来て、
If が消えた形です。「もし、場所が意思決定の要素でな
かったら、御社のオファーを受けていたであろう」と、
過去の事実と反対の仮定を述べているので、後半部分
は would have accepted になっています。

116

- □ **position** 名 職
- □ **pleasure** 名 喜び
- □ **delighted** 形 うれしく思う、喜んでいる 同 pleased
- □ **opportunity** 名 機会
- □ **go over ～** ～を調べる、～に目を通す
- □ **qualification** 名 資格
- □ **experience** 名 経験
- □ **associate** 名 共同経営者
- □ **decide** 動 決める
- □ **offer** 動 (職などを)与える意思があることを示す
- □ **however** 副 しかしながら
- □ **accept** 動 受諾する、受け入れる
- □ **job offer** 職のオファー、仕事の口
- □ **specialize in ～** ～を専門にしている
- □ **financial institution** 金融機関
- □ **mention** 動 述べる
- □ **interview** 名 面接
- □ **respect** 名 尊敬、敬意
- □ **management** 名 経営
- □ **treatment** 名 待遇、取り扱い
- □ **therefore** 副 したがって
- □ **decision** 名 決定
- □ **largely** 副 主に
- □ **based on ～** ～に基づく
- □ **desire** 名 願望
- □ **remain** 動 とどまる 同 stay
- □ **location** 名 場所
- □ **factor** 名 要因
- □ **certain** 形 確信している 同 sure

- □ **attend** 動 参加する
- □ **annual** 形 毎年の、年次の
- □ **development** 名 開発
- □ **forum** 名 フォーラム、討論会
- □ **look forward to -ing** ～するのを楽しみにしている
- □ **colleague** 名 同僚 同 coworker
- □ **consideration** 名 考慮、検討
- □ **decline** 動 断る
- □ **schedule** 動 予定を組む
- □ **review** 動 確認する
- □ **employ** 動 雇う 同 hire
- □ **technical** 形 技術系の
- □ **real estate** 不動産
- □ **agency** 名 代理店
- □ **hold** 動 開催する
- □ **found** 動 設立する 同 establish
- □ **former** 形 かつての
- □ **contribute** 動 寄付する 同 donate
- □ **donation** 名 寄付 同 contribution
- □ **charity** 名 慈善団体

問題37〜39は次のEメールに関するものです。

受信者：Jake Coleman
送信者：Alicia McLean
日付：11月28日
件名：ソフトウェアエンジニアの職

Coleman様

先週はお目にかかれて幸いでした。そして、私の資格と経験につ
いて一緒に目を通していただく機会を得られましたこと、大変う
れしく存じます。また、あなたと共同経営者の方々が私に
Solidia Solutionsでの職をオファーしてくださる決定をしたと
いう11月26日のメッセージをいただき、うれしい限りです。し
かし、私は昨日、金融機関向けのソフトウェアを専門とする別の
会社のWave-Wareからの職のオファーを受諾しました。

先週の面接でお伝えしたように、私はSolidia Solutionsの経営
スタイルと従業員の待遇に対して大いなる敬意を持っておりま
す。ですから、別の会社のオファーを引き受けるのは私にとって
難しいことでした。私の決定は、主に最近家を買ったばかりのこ
こマイアミにとどまりたいという願いによるものであったことを
ご理解ください。場所が要因でなければ、間違いなく御社のオ
ファーを受諾しておりました。

私は来年Las Vegasで行われる御社の年次ソフトウェア開発
フォーラムにまだ参加する予定でおりますので、そのイベントで
あなたとご同僚のお話を聞くのをとても楽しみにしております。

お時間をいただき、ご検討していただけましたこと、改めて感謝いたします。

敬具

Alicia McLean

37. McLeanさんはなぜEメールを書いたのですか。

(A) 職を引き受けるため
(B) 職のオファーを断るため
(C) インタビューの予定を組むため
(D) 資格の確認をするため

38. Colemanさんはどこで雇われていますか。

(A) 金融機関
(B) 技術系大学
(C) ソフトウェア会社
(D) 不動産代理店

39. McLeanさんはWave-Wareについて何を示していますか。

(A) 毎年、フォーラムを開催している。
(B) Solidia Solutions よりも彼女の家に近い。
(C) 彼女のかつての雇用者によって設立された。
(D) 慈善団体にいくつかの寄付をした。

14

Questions 40–42 refer to the following e-mail. ◀ 14

To: Erin O'Donnell
From: Tyler Waters
Date: March 7
Subject: Insight Outlook

Dear Ms. O'Donnell:

We are delighted that you have agreed to be interviewed on our show, *Insight Outlook*. As previously mentioned in the invitation I sent you, we would like you to come to our Detroit studio on April 2. The interview is scheduled to begin at 10:00 A.M. If this time is inconvenient for you, however, we can certainly put it off until later in the day.

Please be aware that the interview will be recorded and then broadcast on TV later that week. To prepare for our discussion, we recommend that you consider beforehand what you would like our viewers to know about your book on investment strategy. As for our questions, we will ask you how long it took you to write the book, who can benefit from reading it, and what advice you have for new investors.

As mentioned before, we will cover the cost of your hotel stay on April 1. In the coming days, I will send you more details about the hotel as well as directions to our nearby studio. If you have any questions about the interview or accommodations, you can contact me at 555-0153.

We look forward to meeting you in person!

Tyler Waters
CTRD Network

40. What has Ms. O'Donnell agreed to do?

    (A) Submit editorial content to a television director

    (B) Discuss a publication on a television program

    (C) Write a screenplay for a television series

    (D) Attend a job interview at a television network

41. What will Ms. O'Donnell be asked about?

    (A) Who she recommends for an assignment

    (B) What type of investment firm she works for

    (C) Why a strategy was implemented

    (D) How long a project took to complete

42. What is suggested about Ms. O'Donnell?

    (A) She will pay for her accommodations.

    (B) She will make suggestions for revisions.

    (C) She will stay overnight in Detroit.

    (D) She will appear on a show in March.

第1段落冒頭に、We are delighted that you have agreed to be interviewed on our show, *Insight Outlook.* (私どもの番組、『Insight Outlook』でインタビューを受けてくださることをご承諾いただき、光栄です) とある。そして、第2段落冒頭に、Please be aware that the interview will be recorded and then broadcast on TV later that week. (インタビューは録画され、その週の後半にテレビ放送されることをご留意ください) とあるので、Insight Outlook がテレビ番組だとわかる。さらに、第2段落で、インタビューでは彼女の投資戦略の著書について話すことが伝えられている。テレビ番組でインタビューを受けて、自分の著書について話すことになっているので、(B) Discuss a publication on a television program (テレビ番組で出版物について話すこと) が正解。

 publication は、「出版物」なので、書籍を含みます。本文中の your book on investment strategy (あなたの投資戦略に関する著書) が publication に言い換えられていますが、選択肢ではこのようにより広い範囲を含む語への言い換えが頻繁に行われます。

インタビューで尋ねる予定の事項が第2段落で挙げられている。As for our questions, we will ask you how long it took you to write the book, who can benefit from reading it, and what advice you have for new investors. (こちら側からの質問といたしましては、この本を書くのにどのくらいの期間がかかったか、これを読むことで恩恵があるのは誰か、新規

の投資家にどんなアドバイスがあるかお尋ねします）とあり、このうち、how long it took you to write the book（この本を書くのにどのくらいの期間がかかったか）が、(D) How long a project took to complete（プロジェクトは完了までどのくらいかかったか）に対応している。

😎 設問中のbe asked（尋ねられる）と本文のwe will ask you（あなたにお尋ねします）が対応しているので、該当部分を見つけやすかったと思います。

---

42. 正解 (C)

第1段落に、we would like you to come to our Detroit studio on April 2.（4月2日に当方のDetroitスタジオにお越しいただきたく存じます）とあるので、番組を収録するスタジオがDetroitにあることがわかる。また、第3段落に、As mentioned before, we will cover the cost of your hotel stay on April 1. In the coming days, I will send you more details about the hotel as well as directions to our nearby studio.（以前にお伝えしたように、あなたの4月1日宿泊分のホテル代は当方がお支払いいたします。近日中に、ホテルに関する詳細およびすぐ近くにあるスタジオへの行き方をお送りいたします）とあるので、彼女がホテルで1泊し、そのホテルはDetroitスタジオの近くにあることがわかる。よって、(C) She will stay overnight in Detroit.（Detroitに1泊する）が正解。

😎 stay overnightは「1泊する」という意味です。overnightは形容詞として、overnight delivery（翌日配送）の形でも頻出します。出荷した品物が一晩超えた翌日に到着するイメージで覚えましょう。

- □ **delighted** 形 うれしい 同 pleased
- □ **agree** 動 同意する
- □ **interview** 動 インタビューする、面接する
- □ **previously** 副 前に、以前
- □ **mention** 動 述べる
- □ **invitation** 名 招待状
- □ **schedule** 動 予定を組む
- □ **inconvenient** 形 都合の悪い
  反 convenient 都合のよい
- □ **however** 副 しかし
- □ **certainly** 副 もちろん
- □ **put off** 延期する、予定を後ろにずらす
- □ **please be aware that ～** ～であることをご留意ください
- □ **record** 動 録画する、録音する
- □ **broadcast** 動 放送する（過去形・過去分詞もbroadcast）
- □ **prepare** 動 備える、準備する
- □ **discussion** 名 話し合い
- □ **recommend** 動 勧める
- □ **consider** 動 検討する、考える
- □ **beforehand** 副 事前に
- □ **viewer** 名 視聴者
- □ **investment** 名 投資
- □ **strategy** 名 戦略
- □ **benefit from ～** ～から恩恵を受ける
- □ **investor** 名 投資家
- □ **cover** 動 （費用を）負担する
- □ **in the coming days** 近日中に
- □ **detail** 名 詳細
- □ **direction** 名 （複数形directionsで）行き方

- □ **nearby** 形 すぐ近くの
- □ **accommodation** 名 宿泊施設
- □ **in person** 直接
- □ **editorial content** 非商業用コンテンツ
  - 反 commercial content 商業用コンテンツ
- □ **publication** 名 出版物
- □ **screenplay** 名 脚本
- □ **television series** テレビの連続番組
- □ **attend** 動 参加する
- □ **job interview** （仕事の）採用面接
- □ **assignment** 名 仕事の割り当て
- □ **firm** 名 会社 同 company
- □ **implement** 動 実行する
- □ **complete** 動 完了する
- □ **suggest** 動 示唆する
- □ **revision** 名 改訂
- □ **stay overnight** 1泊する
- □ **appear** 動 出演する

問題40〜42は次のEメールに関するものです。

受信者：Erin O'Donnell
送信者：Tyler Waters
日付：3月7日
件名：Insight Outlook

O'Donnell様

私どもの番組、『Insight Outlook』でインタビューを受けてくださることをご承諾いただき、光栄です。私がお送りした招待状で既にお伝えしたように、4月2日に当方のDetroitスタジオにお越しいただきたく存じます。インタビューは午前10時開始の予定です。ですが、この時間でご都合が悪い場合は、もちろん同日の遅い時間にずらすこともできます。

インタビューは録画され、その週の後半にテレビ放送されることをご留意ください。話し合いに備えて、あなたの投資戦略に関する著書に関して視聴者に何を知ってほしいのかを事前にご検討いただけますようお願いいたします。こちら側からの質問といたしましては、この本を書くのにどのくらいの期間がかかったか、これを読むことで恩恵があるのは誰か、新規の投資家にどんなアドバイスがあるかお尋ねします。

以前にお伝えしたように、あなたの4月1日宿泊分のホテル代は当方がお支払いいたします。近日中に、ホテルに関する詳細およびすぐ近くにあるスタジオへの行き方をお送りいたします。インタビューまたは宿泊施設についてご質問がある場合は、555-0153まで私にご連絡ください。

直接お会いできることを楽しみにしております！

Tyler Waters
CTRD Network

40. O'Donnell さんは何をすることに同意しましたか。

　　(A) 非商業用コンテンツをテレビのディレクターに提出する
　　(B) テレビ番組で出版物について話す
　　(C) テレビの連続番組の脚本を書く
　　(D) テレビネットワークの採用面接に参加する

41. O'Donnell さんは何について尋ねられますか。

　　(A) 業務の割り当てに誰を推薦するか
　　(B) どのような種類の投資会社に勤めているか
　　(C) なぜ戦略が実行されたか
　　(D) プロジェクトは完了までどのくらいかかったか

42. O'Donnell さんについて何が示唆されていますか。

　　(A) 宿泊費を支払う。
　　(B) 改訂の提案をする。
　　(C) Detroit に１泊する。
　　(D) ３月に番組に出演する。

15

Questions 43–45 refer to the following letter.   ◀ 15

June 25

Lorraine Inman
1795 Ersel Street
Arlington, TX 76011

Dear Valued Customer:

After 54 years in business, Woodcraft Designs has announced that its doors will soon be closing. As a long-time customer, you are invited to attend our special going-out-of-business sale.

We currently have thousands of items in our store's showroom and warehouse, and we plan to sell off all remaining inventory at deep discounts from July 10 to July 16. Before that, we want our most valued customers to have first pick of the available merchandise. We therefore invite you to come to our preferred customer sale, which will take place from 11:00 A.M. to 9:00 P.M. on Saturday, July 8 and Sunday, July 9. This means that for two days the store will be open only to those who have helped make Woodcraft Designs such a success over its many years in business.

Please be aware that our preferred customer sale is by invitation only, and you will have to present this invitation at our entrance before you can enter. In addition, our free delivery service will not be offered during the sale. Since our prices will be so incredibly low, we will be obliged to charge a delivery fee for all purchases.

Thank you for your patronage, and we hope to see you at this exciting event!

Kyle Leach

Kyle Leach
Manager of Woodcraft Designs

43. What is the main purpose of the letter?

(A) To announce expanded operating hours on weekdays

(B) To inform certain customers about an exclusive event

(C) To notify patrons of a planned business relocation

(D) To promote the upcoming launch of a product line

44. What is indicated in the letter?

(A) Mr. Leach will promote an employee to fill his position.

(B) Ms. Inman has never shopped at Woodcraft Designs.

(C) All items will be half price during a seasonal sale.

(D) Woodcraft Designs usually offers free delivery.

45. What is Ms. Inman instructed to do?

(A) Respond to the invitation by e-mail

(B) Present a coupon at a checkout counter

(C) Submit order forms before July 8

(D) Bring the letter to the business

第1段落で閉店に伴う特別セールが開催されることが伝えられ、第2段落の冒頭で、そのセールの日時が示されている。その後、Before that, we want our most valued customers to have first pick of the available merchandise. We therefore invite you to come to our preferred customer sale, which will take place from 11:00 A.M. to 9:00 P.M. on Saturday, July 8 and Sunday, July 9.(その前に、当店の最も大切なお客様に、今ある商品の中から初めに選んでいただきたいと思っております。よって、7月8日土曜日と7月9日日曜日の午前11時から午後9時まで開催されるお得意様セールにご招待いたします)と続く。この手紙は、our most valued customers(当店の最も大切なお客様)のみに送られ、その中でお得意様限定セールの案内をしているので、手紙の目的は、(B) To inform certain customers about an exclusive event(参加が制限された催しについて特定の顧客に知らせること)と言える。

😊 exclusiveは、「ex(外を)close(閉じる)」が語源で、「独占的な、限定の、高級な」といった意味を表します。ここでは、招待者限定のお得意様セールが、exclusive event(参加が制限された催し)に言い換えられています。

第3段落に、our free delivery service will not be offered during the sale(セール期間中は無料配送サービスをご提供いたしません)とある。セール期間中は無料配送サービス

を提供しないということは、セール期間外は無料配送サービスを提供していると考えられるので、(D) Woodcraft Designs usually offers free delivery. (Woodcraft Designsは、通常、無料配送を提供している) が正解。

後続の、Since our prices will be so incredibly low, we will be obliged to charge a delivery fee for all purchases. (価格が非常に低くなりますので、すべての商品に対して配送料をご請求せざるを得なくなります) からも、通常は配送料が無料であることが伺えます。

45. 正解 (D)

第3段落に、Please be aware that our preferred customer sale is by invitation only, and you will have to present this invitation at our entrance before you can enter. (お得意様セールは招待者限定で、入店前に入り口でこの招待状をご提示いただかなければならないことをご留意ください) とある。入店前に入り口で招待状を提示しなくてはならないということは、来店の際、この招待状を持参しなくてはならないことを意味するので、(D) Bring the letter to the business (店に手紙を持参する) が正解。

こうした受け手への依頼事項を問うタイプの問題では、文書の後半に正解につながる情報が示されていることが多いです。「依頼問題は文書の後半にヒント有り」と頭に入れておきましょう。

- □ **valued** 形 高く評価された
- □ **valued customer** 大切なお客様
- □ **in business** 商売を行っている
- □ **announce** 動 発表する、告知する
- □ **invite** 動 招待する
- □ **attend** 動 参加する
- □ **going-out-of-business sale** 閉店セール
- □ **currently** 副 現在
- □ **item** 名 商品
- □ **warehouse** 名 倉庫
- □ **remaining** 形 残りの
- □ **inventory** 名 在庫品
- □ **deep discount** 大幅割引
- □ **pick** 名 選択
- □ **available** 形 (商品が) 在庫としてある
- □ **merchandise** 名 商品 同 goods, item, product
- □ **therefore** 副 よって
- □ **prefer** 動 好む
- □ **preferred customer** お得意様
- □ **take place** 開催される 同 be held
- □ **success** 名 成功
- □ **please be aware that ～** ～ということにご留意ください
- □ **invitation** 名 招待、招待状
- □ **by invitation only** 招待者に限る
- □ **present** 動 提示する
- □ **in addition** さらに
- □ **delivery** 名 配達
- □ **offer** 動 提供する
- □ **incredibly** 副 非常に、信じられないほど

- □ **be obliged to ～**　～せざるを得ない
- □ **charge**　動 請求する
- □ **purchase**　名 購入品
- □ **patronage**　名 愛顧
- □ **exciting**　形 刺激的な、（人を）興奮させる
- □ **purpose**　名 目的
- □ **expanded**　形 拡張された
- □ **operating hours**　営業時間
- □ **weekday**　名 平日
- □ **inform**　動 知らせる　同 notify
- □ **certain**　形 特定の
- □ **exclusive**　形 （催しなどの）参加が制限された
- □ **notify**　動 知らせる　同 inform
- □ **patron**　名 常連客
- □ **relocation**　名 移転、引っ越し
- □ **promote**　動 宣伝する、昇進させる
- □ **upcoming**　形 近く行われる
- □ **launch**　名 発売開始
- □ **product line**　製品ライン
- □ **indicate**　動 示す
- □ **employee**　名 従業員
- □ **fill**　動 満たす、埋める
- □ **position**　名 職
- □ **shop**　動 買い物をする
- □ **seasonal**　形 季節の
- □ **instruct**　動 指示する
- □ **respond**　動 返答する　同 reply
- □ **checkout counter**　レジ
- □ **business**　名 会社、事業所、店

問題43～45は次の手紙に関するものです。

6月25日

Lorraine Inman
1795 Ersel Street
Arlington, TX 76011

大切なお客様へ

創業54年のWoodcraft Designsは、近いうちに閉店することを発表しました。長年のお客様として、特別閉店セールへ招待いたします。

現在、当店のショールームと倉庫には数千点の商品があり、7月10日から7月16日までの間に残りの在庫品を大幅割引ですべて売り尽くす計画です。その前に、当店の最も大切なお客様に、今ある商品の中から初めに選んでいただきたいと思っております。よって、7月8日土曜日と7月9日日曜日の午前11時から午後9時まで開催されるお得意様セールにご招待いたします。この2日間は、Woodcraft Designsが長年に渡る操業期間中に成功を収める手助けをしていただいたお客様のためだけに営業いたします。

お得意様セールは招待者限定で、入店前に入り口でこの招待状をご提示いただかなければならないことをご留意ください。さらに、セール期間中は無料配送サービスをご提供いたしません。価格が非常に低くなりますので、すべての商品に対して配送料をご請求せざるを得なくなります。

ご愛顧に感謝するとともに、この刺激的な催しでお目にかかれる
ことを願っております！

Kyle Leach
Woodcraft Designs マネージャー

43. 手紙の主な目的は何ですか。

(A) 平日の拡張された営業時間を告知すること
(B) 参加が制限された催しについて特定の顧客に知らせること
(C) 常連客に予定されている店舗の移転について知らせること
(D) 近く行われる製品ラインの発売開始を宣伝すること

44. 手紙では何が示されていますか。

(A) Leach さんは、自分の職に就かせるために従業員を昇進
   させる。
(B) Inman さんは、Woodcraft Designs で買い物をしたこ
   とが一度もない。
(C) 季節のセールの間、すべての商品は半額になる。
(D) Woodcraft Designsは、通常、無料配送を提供している。

45. Inman さんは何をするよう指示されていますか。

(A) 招待状にEメールで返答する
(B) レジでクーポンを提示する
(C) 7月8日までに注文用紙を提出する
(D) 店に手紙を持参する

16

Questions 46–48 refer to the following notice. ◀ 16

Date: May 29

Dear Resident:

Please be advised that we will be conducting a fire drill in the morning on Tuesday, June 7. The building's alarm system and emergency lights on the fire escape staircase will also be tested. This drill is routinely conducted to make sure that the system is functioning properly. We apologize for any inconvenience the drill may cause and thank you in advance for your cooperation.

In the case of a real fire or emergency, all tenants will use the emergency staircase and exit at the rear of the building. Tenants are encouraged to participate in the drill on June 7 by exiting the building when the alarm rings, but this is not mandatory.

In addition, the Richmond Fire Department invites all tenants to join a workshop on fire safety. Fire department officials will be providing instructions on how to prevent fires, minimize fire damage, use a fire extinguisher, and safely exit the building in the event of a fire. The workshop will be held from 7:30 to 9:00 P.M. on June 6 in the lobby. Pre-registration is not required. If you have any questions about next month's drill or workshop, please contact the administration office.

The Management
Panoscape Apartments

46. Why will a fire alarm system be tested?

(A) It has been upgraded recently.

(B) It periodically undergoes checks.

(C) There have been some false alarms.

(D) There was a small fire on May 29.

47. What is NOT mentioned as a Richmond Fire Department workshop topic?

(A) Preventing fires

(B) Evacuating a building

(C) Installing a fire alarm

(D) Reducing fire damage

48. What is indicated in the notice?

(A) Tenant participation in a drill is strictly voluntary.

(B) Safety drills are performed on a monthly basis.

(C) A training session will conclude at 7:30 in the evening.

(D) Workshop attendees must sign up in advance.

第1段落の冒頭に、Please be advised that we will be conducting a fire drill in the morning on Tuesday, June 7. The building's alarm system and emergency lights on the fire escape staircase will also be tested. This drill is routinely conducted to make sure that the system is functioning properly. (6月7日の火曜日の朝に火災訓練を行うことをお知らせします。建物の警報システムと非常階段の非常灯の点検も行います。この訓練は、システムが正常に機能していることを確認するために、定期的に行われています) とある。ここから、警報システムの点検は、システムが正常に機能しているか確認するために定期的に行われていることがわかる。何か問題等があって行われる点検ではなく、単なる定期点検なので、(B) It periodically undergoes checks. (定期的にチェックを受けている) が正解。

😎 正解につながる本文のroutinely は「定期的に」の意味で、選択肢のperiodicallyと同じ意味になります。どちらも TOEIC 重要語ですので、regularlyの同義語として、合わせて押さえておきましょう。

ワークショップのトピックは、第3段落で挙げられている。(A)はhow to prevent fires (火事を防ぐ方法)、(B)は (how to) safely exit the building (安全に建物を出る方法)、(D)は (how to) minimize fire damage (火事による損害を最小限にする方法) が対応している。火災報知機の設置に関する記述はないので、(C) Installing a fire alarm (火災報知器を

設置すること）が正解。

 (B) の evacuate（避難する）が難しい単語ですが、fire alarm（火災報知器）は第3段落に出てこないので、消去法でも解けます。

 ちなみに、evacuate の vac- は vacant（空の）や vacuum（真空の）と同語源で、「空（から）」の意味です。建物を空にするイメージで覚えてください。同じ語源で休暇を示す vacation は、「職場や学校が空になる」イメージですね。

48. 正解 (A)

第2段落に、Tenants are encouraged to participate in the drill on June 7 by exiting the building when the alarm rings, but this is not mandatory.（入居者の皆様には、警報が鳴った時に建物を出ることで6月7日の訓練に参加することをお勧めいたしますが、これは義務ではありません）とある。よって、not mandatory（義務ではない）を voluntary（任意の）に言い換えた、(A) Tenant participation in a drill is strictly voluntary.（入居者の訓練への参加は、完全に任意である）が正解。

 この mandatory（必須の、義務の）も難語ですが、文の前半の Tenants are encouraged to participate in the drill（入居者の皆様には、訓練に参加することをお勧めいたします）から、but で話の流れが変わっていることをつかみ、文脈から意味を推測したいところです。「参加をお勧めしますが、これは××ではありません」という流れになっています。

141

- □ **notice** 名 お知らせ
- □ **resident** 名 居住者
- □ **be advised that ~** ~ということをお知らせします
- □ **conduct** 動 行う 同 carry out
- □ **fire drill** 火災訓練
- □ **alarm system** 警報システム
- □ **emergency** 名 非常事態
- □ **escape** 名 脱出
- □ **fire escape staircase** 非常階段
- □ **test** 動 点検する
- □ **routinely** 副 定期的に 同 periodically, regulary
- □ **make sure** 確認する
- □ **function** 動 機能する
  反 malfunction 正常に機能しない
- □ **properly** 副 正常に
- □ **apologize** 動 謝る
- □ **inconvenience** 名 不便
  反 convenience 利便性、便利なもの
- □ **cause** 動 引き起こす、原因となる
- □ **in advance** 事前に
- □ **cooperation** 名 協力
- □ **in the case of ~** ~の際は
- □ **exit** 動 出る 反 enter 入る
- □ **rear** 名 後方
- □ **encourage** 動 勧める
- □ **participate** 動 参加する
- □ **mandatory** 形 強制的な、必須の
  同 compulsory, obligatory 反 voluntary 任意の
- □ **in addition** さらに
- □ **fire department** 消防局

- □ **invite** 動 招待する
- □ **official** 名 職員
- □ **prevent** 動 防ぐ
- □ **minimize** 動 最小限にする 反 maximize 最大限にする
- □ **damage** 名 損害
- □ **fire extinguisher** 消火器
- □ **safely** 副 安全に
- □ **in the event of ~** ～の際は
- □ **pre-registration** 名 事前登録
- □ **require** 動 求める
- □ **contact** 動 連絡する
- □ **administration** 名 管理
- □ **upgrade** 動 アップグレードする、機能を向上させる
- □ **periodically** 副 定期的に 同 routinely, regulary
- □ **undergo** 動 受ける
- □ **false alarm** 警報器の誤作動
- □ **small fire** ぼや
- □ **evacuate** 動 避難する
- □ **install** 動 設置する
- □ **reduce** 動 減らす
- □ **indicate** 動 示す
- □ **participation** 名 参加
- □ **strictly** 副 完全に
- □ **voluntary** 形 任意の
- □ **perform** 動 行う
- □ **on a monthly basis** 毎月
- □ **conclude** 動 終了する 同 end
- □ **attendee** 名 参加者
- □ **sign up** 申し込む、登録する 同 register

問題46～48は次のお知らせに関するものです。

日付：5月29日

入居者各位

6月7日の火曜日の朝に火災訓練を行うことをお知らせします。建物の警報システムと非常階段の非常灯の点検も行います。この訓練は、システムが正常に機能していることを確認するために、定期的に行われています。この訓練に伴うご不便におわび申し上げるとともに、皆様のご協力に先立って御礼申し上げます。

実際の火災や非常事態の場合、入居者の皆様は全員、非常階段を使って建物の後方から出るようにしてください。入居者の皆様には、警報が鳴った時に建物を出ることで6月7日の訓練に参加することをお勧めいたしますが、これは義務ではありません。

さらに、Richmond消防局は、入居者の皆様全員が火災安全のワークショップへ参加することを勧めております。消防局の職員が、火事を防ぐ方法、火事による損害を最小限にする方法、消火器の使い方、そして火事の際に安全に建物を出る方法を説明いたします。ワークショップは6月6日の午後7時半から9時にロビーで行われます。事前登録は必要ありません。来月の訓練やワークショップについてご質問がありましたら、管理事務所までご連絡ください。

管理担当
Panoscapeアパート

46. 火災警報システムはなぜ点検されるのですか。

  (A) 最近、アップグレードされた。
  (B) 定期的にチェックを受けている。
  (C) 警報の誤作動が何回かあった。
  (D) 5月29日にぼやがあった。

47. Richmond 消防局のワークショップのトピックとして、述べられていないのはどれですか。

  (A) 火災を防ぐこと
  (B) 建物から避難すること
  (C) 火災報知器を設置すること
  (D) 火事の損害を減らすこと

48. このお知らせでは、何が示されていますか。

  (A) 入居者の訓練への参加は、完全に任意である。
  (B) 防災訓練は、毎月行われている。
  (C) 講習会は、夜7時半に終了する。
  (D) ワークショップの参加者は、事前に申し込まなければならない。

17

Questions 49–51 refer to the following e-mail. ◀17

To: All Staff
From: Cleo Johnson
Date: August 1
Subject: Ticket prices

Not all of you are directly involved with the passengers who take tours on the Star Island Ferry, but all of your jobs are in some way related to the service, whether you are responsible for preparing reports for our sales department or updating the Web site. I am therefore sending this message to the entire staff.

We change our ticket prices depending on the time of year. When informing customers about the price of tickets at our terminals and through our promotional material, make sure to indicate for how long that price will be valid. There have been several instances when we have had to honor an outdated price because the customer complained about not being told the fare would change.

Also keep in mind that travel companies regularly book seats on the ferry for large groups, particularly for tours during the summer months. Before a ticket price change, these businesses must be notified since they often have to adjust their tour package rates in line with our fares. Even for our prices that remain fixed throughout the year, such as the price of a ticket for children, we will note in our promotional materials and on our signage that we reserve the right to make changes.

If you have any questions, please do not hesitate to contact me.

Cleo Johnson
General Manager

49. What is the purpose of the e-mail?

   (A) To explain an increase in fees

   (B) To confirm the terms of a contract

   (C) To make arrangements for a trip

   (D) To clarify company procedures

50. According to the e-mail, what has caused a problem?

   (A) Outdated software applications

   (B) Unclear pricing information

   (C) Insufficient training of staff

   (D) Frequent schedule changes

51. What is indicated about the Star Island Ferry?

   (A) It regularly changes its ticket price for children.

   (B) It operates for only a few months of the year.

   (C) It was recently purchased by a travel company.

   (D) It transports numerous tour groups in the summer.

第1段落では、直接顧客と接することない従業員もサービスと何らかの関わりがあるので、全従業員にメッセージを送っていることが伝えられている。第2段落では、チケット価格を顧客に伝える際、価格の有効期限を示すように注意している。第3段落では、チケット価格変更の前に旅行会社に知らせる必要があること、会社が価格変更の権利を有することを販促資料等に入れることが述べられている。これらの内容を総合すると、このEメールの目的は、(D) To clarify company procedures（会社の手順を明確にすること）と言える。

文書の目的が問われていますが、定石通り前半部分に注目しても、はっきり目的が示されている部分がありません。全体の内容を総合して答えを選ぶ必要があるので、真の読解力が試される難易度の高い問題でした。

第2段落に、There have been several instances when we have had to honor an outdated price because the customer complained about not being told the fare would change.（運賃が変わることを知らされていなかったことに対して、お客様からの苦情があったため、当社が期限切れの価格を履行しなければならなかった事例がいくつかありました）とある。ここから、運賃変更に関して顧客にきちんと伝えなかったことが原因で、会社が期限切れの価格を履行せざるを得なくなるという問題が発生したとわかる。よって、問題の原因は、(B) Unclear pricing information（不明確な

価格情報）と言える。

 本文の not being told the fare would change（運賃
が変わることを知らされていなかった）が選択肢では
Unclear pricing information（不明確な価格情報）に
言い換えられています。このような文単位の言い換え
にも留意しましょう。

51. 正解 (D)

第3段落冒頭に、Also keep in mind that travel companies
regularly book seats on the ferry for large groups, partic-
ularly for tours during the summer months.（また、旅行
会社が定期的にフェリーの席を団体用に予約すること、そし
て特に夏期のツアーでそれが顕著であることを覚えておい
てください）とある。ここから夏期にツアー客のフェリー利
用が増えることがわかるので、(D) It transports numerous
tour groups in the summer.（夏に多くの団体ツアー客を輸
送する）が正解。

 transports（輸送する）も numerous（多くの）も本文に
は出てきませんが、第3段落の内容から(D)が正解だ
と推測できます。

□ **price** 名 価格
□ **directly** 副 直接
□ **be involved with 〜** 〜に関わる
□ **passenger** 名 乗客
□ **in some way** 何らかの形で
□ **related to 〜** 〜に関わりがある
□ **whether** 接 〜であろうとなかろうと
□ **be responsible for 〜** 〜の担当である
□ **report** 名 報告書
□ **sales department** 販売部、営業部
□ **update** 動 更新する
□ **therefore** 副 よって
□ **entire** 形 全体の、全部の
□ **depending on 〜** 〜によって
□ **the time of year** 1年のうちの時期
□ **promotional material** 販促資料
□ **make sure to 〜** 必ず〜する
□ **indicate** 動 示す
□ **valid** 形 有効な
□ **instance** 名 事例
□ **honor** 動 履行する
□ **outdated** 形 期限切れの、時代遅れの
□ **complain** 動 苦情を言う
□ **fare** 名 運賃
□ **keep in mind** 覚えておく
□ **regularly** 副 定期的に
□ **book** 動 予約する
□ **particularly** 副 特に
□ **business** 名 会社
□ **notify** 動 知らせる

□ **adjust** 動 調整する

□ **rate** 名 料金

□ **in line with 〜** 〜に合わせて

□ **even** 副 〜でさえ

□ **remain** 動 〜のままである

□ **fixed** 形 一定の

□ **note** 動 言及する

□ **signage** 名 看板、標識

□ **reserve** 動 保有する

□ **right** 名 権利

□ **make changes** 変更する

□ **do not hesitate to 〜** 遠慮なく〜する

□ **general manager** 本部長、総支配人

□ **explain** 動 説明する

□ **fee** 名 料金

□ **confirm** 動 確認する

□ **terms of a contract** 契約の条件

□ **make arrangements** 手配をする

□ **clarify** 動 明確にする

□ **procedure** 名 手順

□ **according to 〜** 〜によると

□ **cause** 動 起こす、原因となる

□ **unclear** 形 不明確な

□ **insufficient** 形 不十分な

□ **frequent** 形 頻繁な

□ **operate** 動 運行する

□ **purchase** 動 買収する

□ **transport** 動 輸送する

□ **numerous** 形 多くの

問題49〜51は次のEメールに関するものです。

受信者：全従業員
送信者：Cleo Johnson
日付：8月1日
件名：チケット価格

皆さん全員がStar Island Ferryのツアーを利用する乗客と直接関わるわけではありませんが、販売部のために報告書を用意する担当であれ、ウェブサイトを更新する担当であれ、皆さんの仕事はすべてサービスと何らかの形で関わりがあります。よって、全従業員にこのメッセージを送っています。

当社は、1年のうちの時期によりチケット価格を変更しています。ターミナルにおいて、そして販促資料を通して、お客様にチケットの価格に関するご案内をする際は、その価格がいつまで有効か必ず示してください。運賃が変わることを知らされていなかったことに対して、お客様からの苦情があったため、当社が期限切れの価格を履行しなければならなかった事例がいくつかありました。

また、旅行会社が定期的にフェリーの席を団体用に予約すること、そして特に夏期のツアーでそれが顕著であることを覚えておいてください。旅行会社は、パッケージツアー料金を当社の運賃に合わせて調整しなくてはならない場合が多いので、チケット価格変更の前にこれらの会社に知らせなければなりません。子供のチケット価格のような1年を通して一定の価格でさえ、当社が変更の権利を有することを販促資料と看板で言及するようにします。

質問があれば、ご遠慮なくご連絡ください。

Cleo Johnson
本部長

49. Eメールの目的は何ですか。

(A) 料金の値上げを説明すること
(B) 契約条件を確認すること
(C) 旅行の手配をすること
(D) 会社の手順を明確にすること

50. Eメールによると、何が問題を起こしましたか。

(A) 時代遅れのソフトウェアアプリケーション
(B) 不明確な価格情報
(C) 不十分な従業員の研修
(D) 頻繁なスケジュール変更

51. Star Island Ferry について何が示されていますか。

(A) 子供のチケット価格を定期的に変更する。
(B) 1年のうち、数カ月間しか運行していない。
(C) 最近、旅行会社によって買収された。
(D) 夏に多くの団体ツアー客を輸送する。

18

Questions 52–55 refer to the following e-mail. ◀ 18

To: All Employees
From: Rebecca O'Brien
Date: October 2
Subject: Customer satisfaction survey

To ensure that the Lewiston Ridge Hotel continues to provide the high-quality services it is renowned for, we have recently conducted our annual customer satisfaction survey. — [1] —. During September, all guests were given a survey card upon checking out of the hotel. About 55% of them filled it out and returned it to us. — [2] —.

The results showed that customer satisfaction levels for our food and beverage service and concierge service have not changed since the survey we conducted last year. The area of our operations that improved significantly was our front desk. — [3] —. This is probably the result of having more staff working there during peak hours this year. Customer ratings, however, for our housekeeping service dropped slightly compared to the last survey, and management will be looking into ways to improve in this area in the weeks ahead.

Your department supervisors will be providing you with more details about the survey as well as a list of the most notable comments that customers wrote down on the bottom of the survey cards. — [4] —. Specifically, they want to know how you think the hotel can improve its services in your respective departments.

If you have any questions about the survey, please stop by my office.

Best regards,

Rebecca O'Brien
General Manager

52. What is indicated about the survey?

    (A) It is conducted every year.

    (B) It is collected by concierges.

    (C) It is filled out by hotel employees.

    (D) It is given to patrons upon their arrival.

53. For what service has customer satisfaction declined?

    (A) Food and beverage

    (B) Housekeeping

    (C) Front desk

    (D) Concierge

54. According to the e-mail, what will the hotel supervisors do?

    (A) Evaluate employee performance

    (B) Organize training seminars

    (C) Forward customer feedback

    (D) Distribute questionnaires

55. In which of the positions marked [1], [2], [3], and [4] does the following sentence best belong?

"They will also be asking you for ideas."

(A) [1]

(B) [2]

(C) [3]

(D) [4]

第1段落冒頭に、To ensure that the Lewiston Ridge Hotel continues to provide the high-quality services it is renowned for, we have recently conducted our annual customer satisfaction survey.（Lewiston Ridge Hotel は、定評のある上質のサービスを確実に提供し続けるために、先頃、年次顧客満足度調査を実施しました）とある。ここから顧客満足度調査が毎年行われていることがわかるので、(A) It is conducted every year.（毎年実施されている）が正解。

 annual（年次の、毎年の、年に1度の）と every year（毎年）、once a year（年に1回）の言い換えは、TOEIC の定番です。同義語の yearly（年次の、毎年の、年に1度の）も合わせて覚えましょう。

第2段落に、Customer ratings, however, for our house-keeping service dropped slightly compared to the last survey（一方で、ハウスキーピングサービスへの顧客評価は、昨年の調査と比べてわずかに下がってしまいました）とある。ここからハウスキーピングサービスの満足度が下がったことがわかるので、(B)が正解。

 ホテル関連のトピックは TOEIC の定番で、house-keeping（ハウスキーピング）、concierge（コンシェルジュ）、front desk（フロント）などはリーディング、リスニングを問わず頻出です。

第3段落に、Your department supervisors will be provid-
ing you with more details about the survey as well as a
list of the most notable comments that customers wrote
down on the bottom of the survey cards. (皆さんの部署
の主任は、調査に関する詳細とともに、顧客が調査票の最後
に書いた最も目立ったコメントのリストを皆さんに提供しま
す) とある。顧客が調査票に記入したコメントは、フィード
バックにあたるので、(C) Forward customer feedback (顧
客からのフィードバックを転送する) が正解。

 forwardは、動詞では受け取ったものを他の人に送る
という意味になります。ここでは上層部がまとめた調
査結果を主任が受け取り、それを部署のメンバーに配
布するという流れになっているので、(C) Forward
customer feedback (顧客からのフィードバックを転送
する) のように言うことができます。

[4] の前は、Your department supervisors will be provid-
ing you with more details about the survey as well as a
list of the most notable comments that customers wrote
down on the bottom of the survey cards. (皆さんの部署
の主任は、調査に関する詳細とともに、顧客が調査票の最後
に書いた最も目立ったコメントのリストを皆さんに提供しま
す) となっている。よって、[4] に They will also be asking
you for ideas. (また、彼らは皆さんに意見を求めます) を入

れると、Your department supervisors を They で受ける形になり、部署の主任が行うことになっている「詳細とコメントを提供する」と「意見を求める」が並ぶので、also（また）が上手く機能する。

後ろの Specifically, they want to know how you think the hotel can improve its services in your respective departments. （特にそれぞれの部署で当ホテルがどのようにサービスを改善できるかについて、皆さんの考えを知りたいと思っています）も尋ねる内容を具体的に示しているので、They will also be asking you for ideas. （また、彼らは皆さんに意見を求めます）と上手く繋がります。

- □ **satisfaction** 名 満足
- □ **survey** 名 調査
- □ **ensure** 動 確実にする
- □ **continue** 動 続ける
- □ **high-quality** 形 質の高い
- □ **renowned** 形 有名な 同 famous
- □ **conduct** 動 行う 同 carry out
- □ **annual** 形 毎年の 同 yearly
- □ **fill out** 記入する 同 complete
- □ **return** 動 返却する
- □ **result** 名 結果
- □ **show** 動 示す
- □ **beverage** 名 飲料
- □ **concierge** 名 コンシェルジュ、ホテルの案内人
- □ **operation** 名 業務
- □ **improve** 動 向上する
- □ **significantly** 副 大幅に
- □ **front desk** （ホテルの）フロント
- □ **probably** 副 おそらく
- □ **peak hours** ピーク時
- □ **rating** 名 評価、採点
- □ **however** 副 一方で
- □ **housekeeping** 名 ハウスキーピング、客室整備
- □ **drop** 動 落ちる
- □ **slightly** 副 少し
- □ **compared to** 〜 〜と比べて 同 compared with 〜
- □ **management** 名 経営陣
- □ **look into** 〜 〜を調べる 同 investigate
- □ **ahead** 副 これから先

- □ **supervisor** 名 監督者、管理者、主任
- □ **provide** 動 提供する
- □ **detail** 名 詳細
- □ **as well as ～** ～も
- □ **notable** 形 目立った
- □ **specifically** 副 特に
- □ **respective** 形 それぞれの
- □ **stop by** 立ち寄る
- □ **general manager** 総支配人
- □ **indicate** 動 示す
- □ **collect** 動 集める
- □ **employee** 名 従業員
- □ **patron** 名 常連客、得意客
- □ **upon arrival** 到着時に、到着次第
- □ **decline** 動 低下する
- □ **according to ～** ～によると
- □ **evaluate** 動 評価する 同 assess, appraise
- □ **performance** 名 勤務状況、業績
- □ **organize** 動 企画する
- □ **forward** 動 転送する
- □ **distribute** 動 配布する 同 hand out
- □ **questionnaire** 名 アンケート

問題52〜55は次のEメールに関するものです。

受信者：全従業員
送信者：Rebecca O'Brien
日付：10月2日
件名：顧客満足度調査

Lewiston Ridge Hotelは、定評のある上質のサービスを確実に提供し続けるために、先頃、年次顧客満足度調査を実施しました。9月の間、すべての宿泊客はホテルをチェックアウトする際に調査票を渡されました。約55%の人が記入して返却してくださいました。

このアンケートの結果は、飲食サービスとコンシェルジュサービスに対する顧客満足度のレベルが、昨年行った調査以来、変わっていないことを示しました。我々の業務分野で大幅に向上したのはフロントでした。これはおそらく、今年はピーク時により多くのスタッフが勤務するようにした結果でしょう。一方で、ハウスキーピングサービスへの顧客評価は、昨年の調査と比べてわずかに下がってしまいました。経営陣は今後数週間、この分野における改善策を探っていきます。

皆さんの部署の主任は、調査に関する詳細とともに、顧客が調査票の最後に書いた最も目立ったコメントのリストを皆さんに提供します。また、彼らは皆さんに意見を求めます。特にそれぞれの部署で当ホテルがどのようにサービスを改善できるかについて、皆さんの考えを知りたいと思っています。

調査に関して質問がある人は、私のオフィスにお立ち寄りください。

敬具

Rebecca O'Brien
総支配人

52. 調査について何が示されていますか。

    (A) 毎年実施されている。
    (B) コンシェルジュによって集められる。
    (C) ホテルの従業員によって記入される。
    (D) 常連客に到着時に渡される。

53. どのサービスに対する顧客満足度が低下しましたか。

    (A) 飲食
    (B) ハウスキーピング
    (C) フロント
    (D) コンシェルジュ

54. Eメールによると、ホテルの主任は何をしますか。

    (A) 従業員の勤務状況を評価する
    (B) 研修セミナーを企画する
    (C) 顧客からのフィードバックを転送する
    (D) アンケートを配布する

55. [1]、[2]、[3]、[4]と記載された箇所のうち、次の文が入るの
に最もふさわしいのはどれですか。

「また、彼らは皆さんに意見を求めます」

(A) [1]
(B) [2]
(C) [3]
(D) [4]

Questions 56–59 refer to the following e-mail. ◀ 19

To: Justin Daniels
From: Derrick Dunn
Date: March 3
Subject: Recommendation for Christine Clancy

Dear Mr. Daniels:

Christine Clancy worked at Ideahouse Designs in London for seven years. She started off as a data entry clerk. After two years, she applied for a job in our graphic design department and was subsequently transferred there. I was the head of that section and the person to whom she reported.

Her main job was designing highly functional Web sites for clients, most of whom were business owners or senior decision-makers. She kept abreast of the latest Web technologies and design trends. As a result, other staff members often went to her for support or advice. Although her primary responsibilities were related to design, she regularly assisted our sales personnel by, for example, helping out with their presentations for prospective clients. She not only enjoyed being a part of these sales activities but also played a key role in securing and retaining partnerships with clients. In addition, she joined the company's baseball team and organized a two-day tournament with individuals from other local businesses.

Ms. Clancy would be an asset to any organization, and I have no hesitation in recommending her for a design job at your company. If you would like to know more about her, you can reach me at 555-0186.

Best regards,

Derrick Dunn
Executive Vice President
Ideahouse Designs

56. Who most likely is Mr. Daniels?

(A) A packaging designer

(B) A sales representative

(C) A computer programmer

(D) A hiring manager

57. What is stated in the e-mail about Ms. Clancy?

(A) She prefers painting to graphic design.

(B) She held various roles during her employment.

(C) She joined Ideahouse Designs at the same time as Mr. Dunn.

(D) She collaborated with Mr. Daniels on some projects.

58. What is NOT mentioned as one of Ms. Clancy's former responsibilities?

(A) Interviewing job candidates

(B) Assisting with presentations

(C) Developing commercial Web sites

(D) Communicating with clients

59. What did Ms. Clancy do with employees of other companies?

(A) She organized a competition.

(B) She produced an award-winning design.

(C) She created a successful advertisement.

(D) She composed a design manual.

このEメールは、職に応募している人の推薦状で、Mr. Daniels
は、その受け手。書き手の Derrick Dunn は、元部下の
Christine Clancy の前職での様子を伝えている。これらのこ
とから Mr. Daniels が求職者の採用に関わる職に就いている
ことが推測できるので、(D) A hiring manager（採用担当部
長）が正解。

😀 件名が Recommendation for Christine Clancy（Chris-
tine Clancy の推薦状）となっているので、推薦状だと
わかりますね。Ms. Clancy が Mr. Daniels の会社の求人
へ応募していて、以前勤務していた Ideahouse Designs
の Mr. Dunn が推薦状を書いている、という状況が掴
めれば、答えやすいと思います。

第1段落で、Ms. Clancy がデータ入力担当者として入社し、
2年後にグラフィックデザイン部へ異動になったことが述べ
られている。第2段落で、彼女の主たる職務はウェブサイト
のデザインであったが、営業部のプレゼンを手伝ったり、顧
客との関係構築に寄与したりもしたことが述べられている。
彼女は様々な職務を担っていたことがわかるので、(B) She
held various roles during her employment.（雇用期間中、
様々な役割に就いていた）が正解。

😀 hold a role で「役割に就く」という意味になります。彼
女は前職でいろいろな仕事をこなしていたので、それ
をまとめて「様々な役割に就いていた」と言うことがで
きます。

Ms. Clancy が Ideahouse Designs で採用面接を行っていた
という記述はないので、(A)が正解。(B)は第2段落のshe
regularly assisted our sales personnel by, for example,
helping out with their presentations for prospective
clients.（例えば見込み客へのプレゼンを手伝うなどをして、
定期的に営業部員の手助けをしました）、(C)は第2段落の
Her main job was designing highly functional Web sites
for clients（彼女の主な仕事は、非常に機能的なウェブサイ
トを顧客のためにデザインすることでした）、(D)は第2段落
のShe not only enjoyed being a part of these sales activi-
ties but also played a key role in securing and retaining
partnerships with clients.（彼女は、このような営業活動
に参加することを楽しむだけでなく、顧客との関係を確立し、
維持することに重要な役割を果たしました）に対応している。

play a key roleで「重要な役割を果たす」という意味
です。顧客との関係を確立し（securing）、維持した
（retaining）ということは、顧客とやり取りをしていた
ことになるので、(D) Communicating with clients
（顧客とやり取りをすること）のように言い換えること
ができます。

第2段落に、she joined the company's baseball team and organized a two-day tournament with individuals from other local businesses.（彼女は会社の野球チームに入り、地元企業からの参加者と2日間のトーナメント戦を企画しました）とある。これは、野球のトーナメントの企画を他社の人と行ったことを意味するので、(A) She organized a competition.（競技会を企画した）が正解。

 本文のtournament（トーナメント戦）が選択肢では、competition（競技会）に言い換えられています。

頻出重要語
19

□ **recommendation** 名 推薦状
□ **start off** （仕事を）始める
□ **entry** 名 入力
□ **apply** 動 応募する
□ **subsequently** 副 続いて
□ **transfer** 動 異動させる
□ **head** 名 長
□ **report to ～** ～の直属の部下となる
□ **design** 動 デザインする
□ **highly** 副 非常に
□ **functional** 形 機能的な
□ **business owner** 事業主

- □ **senior** 形 （役職が）上位の
- □ **decision-maker** 名 意思決定者
- □ **keep abreast of ～** ～に関する最新情報を常に把握している
- □ **technology** 名 技術
- □ **trend** 名 流行
- □ **as a result** その結果
- □ **support** 名 サポート、支援
- □ **advice** 名 アドバイス、助言
- □ **primary** 形 主な
- □ **responsibility** 名 職務、責任
- □ **related to ～** ～に関係がある
- □ **regularly** 副 定期的に
- □ **assist** 動 手助けをする
- □ **personnel** 名 社員、職員
- □ **presentation** 名 プレゼン
- □ **prospective client** 見込み客 同 potential client
- □ **play a key role** 重要な役割を果たす
- □ **secure** 動 確立する
- □ **retain** 動 維持する
- □ **partnership** 名 相互関係、パートナーシップ
- □ **in addition** さらに
- □ **join** 動 入る
- □ **organize** 動 企画する
- □ **individuals** 名 個人、人
- □ **local** 形 地元の
- □ **business** 名 会社 同 company, firm
- □ **asset** 名 有用な人材
- □ **organization** 名 組織、会社

- □ **hesitation** 名 ためらい
- □ **have no hesitation in -ing** ためらいなく～する
- □ **recommend** 動 推薦する
- □ **reach** 動 連絡する
- □ **executive** 名 重役
- □ **vice president** 副社長
- □ **representative** 名 担当者
- □ **state** 動 述べる
- □ **prefer** 動 好む
- □ **prefer A to B** BよりAを好む
- □ **painting** 名 絵画
- □ **various** 形 様々な
- □ **hold a role** 役割に就く
- □ **employment** 名 雇用
- □ **collaborate** 動 共同で取り組む
- □ **mention** 動 述べる
- □ **former** 形 前の
- □ **interview** 動 面接をする
- □ **candidate** 名 候補者
- □ **develop** 動 開発する
- □ **communicate** 動 やり取りをする
- □ **employee** 名 従業員
- □ **competition** 名 競技会
- □ **produce** 動 （作品を）作る、生み出す
- □ **award-winning** 形 受賞した、賞を取った
- □ **create** 動 作る、作り出す
- □ **successful** 形 出来の良い
- □ **advertisement** 名 広告
- □ **compose** 動 作る、書く、創作する

問題56〜59は次のEメールに関するものです。

受信者：Justin Daniels
送信者：Derrick Dunn
日付：3月3日
件名：Christine Clancyの推薦状

Daniels様

Christine Clancyは、LondonのIdeahouse Designsで7年間、勤務しました。最初はデータ入力担当者として入社しました。2年後、グラフィックデザイン部の職に応募し、続いて同部へ異動になりました。私は、そのセクションの長で、彼女の直属の上司でした。

彼女の主な仕事は、非常に機能的なウェブサイトを顧客のためにデザインすることで、顧客の多くは事業主や上層部の意思決定者でした。彼女は、最新のウェブテクノロジーとデザインの流行を常に把握していました。その結果、他の従業員が支援やアドバイスを求めて頻繁に彼女の所へ行っていました。彼女の主な職務はデザイン関連でしたが、例えば見込み客へのプレゼンを手伝うなどをして、定期的に営業部員の手助けをしました。彼女は、このような営業活動に参加することを楽しむだけでなく、顧客との関係を確立し、維持することに重要な役割を果たしました。さらに、彼女は会社の野球チームに入り、地元企業からの参加者と2日間のトーナメント戦を企画しました。

Clancyさんは、どんな組織にとっても有用な人材となり、私はためらいなく彼女を貴社のデザインの職に推薦いたします。彼

女に関してさらにお尋ねになりたい場合は、私宛てに555-0186
までお電話ください。

敬具

Derrick Dunn
取締役副社長
Ideahouse Designs

56. Daniels さんは誰だと考えられますか。

    (A) パッケージデザイナー
    (B) 営業担当者
    (C) コンピュータープログラマー
    (D) 採用担当部長

57. Clancy さんについてEメールで何が述べられていますか。

    (A) グラフィックデザインより絵画を好む。
    (B) 雇用期間中、様々な役割に就いていた。
    (C) Dunn さんと同時期にIdeahouse Designsに入社した。
    (D) いくつかのプロジェクトにDaniels さんと共同で取り組
        んだ。

58. Clancy さんの前の職務の1つとして、述べられていないも
    のはどれですか。

    (A) 仕事の候補者の面接をすること
    (B) プレゼンを手伝うこと
    (C) 商業用ウェブサイトを開発すること
    (D) 顧客とやり取りをすること

59. Clancy さんが他の会社の従業員と行ったことは何ですか。

(A) 競技会を企画した。
(B) 受賞デザインを作った。
(C) 出来の良い広告を作った。
(D) デザインマニュアルを作った。

20

Questions 60–63 refer to the following e-mail. ◀ 20

	E-Mail Message
To:	Tina Whitehead
From:	Clark Powell
Date:	February 11
Subject:	Scioto project 📎

Dear Ms. Whitehead:

This is to inform you and your colleagues at the City Planning and Development Office that construction of the bridge foundation has been completed on both sides of the Scioto River, and work on the bridge pillars is in progress. West of the construction site, we added an extra lane that is two kilometers long. The wider road will alleviate traffic congestion leading up to the bridge. As for the small clock tower on the east side, we had initially planned to finish it by March 4; however, we now expect to complete it about ten days ahead of schedule.

Other major work that has yet to be done includes installing the bridge itself and paving it. We will also install and then test the lights along each side of the structure. Projected completion dates for these remaining phases are listed in the attached schedule.

If you would like me to show you around the site, I suggest that you come by at the end of this month. At that time, you will be able to walk across the bridge and see the completed tower.

Best regards,

Clark Powell
Chief Foreman
Franklin Construction

60. What is the main purpose of the e-mail?

(A) To report on the status of a project

(B) To recommend some schedule changes

(C) To explain why a proposal was rejected

(D) To propose a traffic control method

61. According to Mr. Powell, what has been done already?

(A) A road was widened.

(B) A set of lights was tested.

(C) A bridge was paved.

(D) A tower was erected.

62. What has been included with the e-mail?

(A) Some architectural designs

(B) Some estimated dates

(C) Some safety manual revisions

(D) Some worksite photographs

63. What does Mr. Powell recommend to Ms. Whitehead?

(A) Conducting a consultation at a government office

(B) Coming to an opening ceremony at the end of March

(C) Meeting with another foreman to work out a problem

(D) Touring a worksite after a structure has been built

このEメールは、This is to inform you and your colleagues at the City Planning and Development Office that construction of the bridge foundation has been completed on both sides of the Scioto River, and work on the bridge pillars is in progress.（これは、都市計画開発事務所の皆様に、橋の基礎の建設がScioto Riverの両側で完了し、橋柱の工事が進行中であることをお伝えするものです）で始まり、車線を増やしたこと、時計台の建設は予定より早く進んでいること、これから行う作業などを伝えている。よって、(A) To report on the status of a project（プロジェクトの状況を報告すること）が主な目的であると言える。

😊 文書の目的は、冒頭の1文から判断できますが、後続部分の内容も考慮することで自信を持って正解を選べます。

第1段落の、construction of the bridge foundation has been completed on both sides of the Scioto River（橋の基礎の建設がScioto Riverの両側で完了しました）とWest of the construction site, we added an extra lane that is two kilometers long.（工事現場の西側に2kmの車線を1つ追加しました）から、橋の基礎の建設と車線増設工事が終わっていることがわかる。このうち、車線の増設が(A) A road was widened.（道路が拡張された）に対応している。

😊 車線が増えたということは、それだけ道路の幅が広く

なったことになるので、A road was widened.（道路が
拡張された）と言うことができます。後続の文でも The
wider road（この広くなった道路）のように言い表され
ています。

第2段落の終わりに、Projected completion dates for these
remaining phases are listed in the attached schedule.（こ
れら残りの段階の完了予定日は、添付の予定表に記載されて
います）とある。ここから、このEメールには予定表が添付
されていて、その予定表には建設作業の各段階の完了予定日
が載っていることがわかる。よって、Eメールに含まれてい
るのは、(B) Some estimated dates（予定日）と言える。

「文書に添付・同封されているもの」を答える問題では、
enclose、attach、include の3つの単語を探すのが鉄
則です。

最終段落に、If you would like me to show you around
the site, I suggest that you come by at the end of this
month. At that time, you will be able to walk across the
bridge and see the completed tower.（ご希望であれば私
が現場をご案内いたしますが、月末にお越しになることをご
提案いたします。その頃には、橋を歩いて渡ることができ、完
成した時計台をご覧いただけます）とある。書き手の Mr.
Powell が受け手の Ms. Whitehead に時計台が完成している

月末に見学に来ることを勧めているので、(D) Touring a worksite after a structure has been built（建造物が建てられた後、工事現場を見学すること）が正解。

tourは、動詞では「見学する、見て回る」という意味になります。本文中のshow you aroundが対応しています。また、本文中のtower（時計台）が選択肢ではより大きいカテゴリーのstructure（建造物）に言い換えられています。具体的なものから広い範囲を含む語への言い換えは、TOEICの定番です。

□ **inform** 動 知らせる 同 notify
□ **colleague** 名 同僚 同 coworker
□ **development** 名 開発
□ **construction** 名 建設
□ **foundation** 名 基礎
□ **complete** 動 完了する
□ **pillar** 名 柱
□ **in progress** 進行中で
□ **add** 動 加える
□ **extra** 形 追加の
□ **lane** 名 (道路の) 車線
□ **alleviate** 動 軽減する
□ **traffic congestion** 交通渋滞
□ **leading up to ～** ～まで続く
□ **as for ～** ～に関しては
□ **clock tower** 時計台
□ **initially** 副 当初
□ **expect** 動 見込む、予想する
□ **ahead of schedule** 予定より早く
　 関 on schedule 予定通りに
　 関 behind schedule 予定より遅れて
□ **major** 形 主な
□ **have yet to be done** まだ終わっていない (= have not
　 been done yet)
□ **include** 動 含む
□ **install** 動 設置する
□ **pave** 動 舗装する
□ **test** 動 点検する
□ **structure** 名 建造物

- □ **projected** 形 予想される 同 expected
- □ **completion** 名 完了、完成
- □ **remaining** 形 残りの
- □ **phase** 名 段階
- □ **list** 動 掲載する
- □ **attach** 動 添付する
- □ **show 〈人〉around** ～ 〈人〉に～を案内する
- □ **suggest** 動 提案する
- □ **come by** やって来る
- □ **foreman** 名 現場監督
- □ **report on** ～ ～について報告する
- □ **status** 名 状況
- □ **recommend** 動 勧める
- □ **explain** 動 説明する
- □ **proposal** 名 提案
- □ **reject** 動 却下する
- □ **propose** 動 提案する
- □ **traffic control** 交通管制
- □ **method** 名 方法
- □ **widen** 動 拡張する
- □ **erect** 動 建てる
- □ **architectural** 形 建築の
- □ **design** 名 設計図
- □ **estimated** 形 推測された
- □ **safety manual** 安全マニュアル
- □ **revision** 名 改訂
- □ **worksite** 名 作業現場
- □ **conduct** 動 行う
- □ **consultation** 名 協議

□ **government office**　庁舎

□ **opening ceremony**　開通式、開会式、開館式

□ **work out**　解決する

□ **tour**　動　見学する、見て回る

問題 60 ～ 63 は次の E メールに関するものです。

受信者：Tina Whitehead
送信者：Clark Powell
日付：2月11日
件名：Scioto プロジェクト 📎

Whitehead 様

これは、都市計画開発事務所の皆様に、橋の基礎の建設が Scioto River の両側で完了し、橋柱の工事が進行中であることをお伝えするものです。工事現場の西側に2kmの車線を1つ追加しました。この広くなった道路は、橋まで続く交通渋滞を軽減するでしょう。東側の小型時計台に関しては、当初3月4日までに終える予定でしたが、予定より10日ほど早く完成する見込みです。

その他の未完了の主な作業には、橋自体の設置と舗装が含まれます。また、弊社は照明を建造物の両側に設置し、その後点検を行います。これら残りの段階の完了予定日は、添付の予定表に記載されています。

ご希望であれば私が現場をご案内いたしますが、月末にお越しになることをご提案いたします。その頃には、橋を歩いて渡ることができ、完成した時計台をご覧いただけます。

敬具

Clark Powell

主任現場監督

Franklin Construction

60. Eメールの主な目的は何ですか。

(A) プロジェクトの状況を報告すること
(B) 予定の変更を提言すること
(C) なぜ提案が却下されたか説明すること
(D) 交通管制方法の提案をすること

61. Powell さんによると、何がすでに終わっていますか。

(A) 道路が拡張された。
(B) 照明のセットが点検された。
(C) 橋が舗装された。
(D) タワーが建てられた。

62. Eメールには何が含まれていますか。

(A) 建築の設計図
(B) 予定日
(C) 安全マニュアルの改訂
(D) 作業現場の写真

63. Powell さんはWhitehead さんに何を勧めていますか。

(A) 庁舎で協議を行うこと
(B) 3月末の開通式に来ること
(C) 問題を解決するために別の現場監督に合うこと
(D) 建造物が建てられた後、工事現場を見学すること

21

Questions 64–67 refer to the following e-mail. ◀ 21

To: Rick Allen
From: Bill Whittaker
Date: October 4
Re: Samples

Hi Rick,

I've looked over the poster samples you sent yesterday, and the one with the picture of the park fountain and stage grabs my attention the most. I'm very pleased with the designs for all four samples, though. —[1]—. In fact, it was difficult to choose only one. Also, I'm happy that you decided to go with the thick letters, as they stand out a lot more than those I proposed in our first meeting. —[2]—.

I realize this project has taken up more of your time than we expected, but I think the poster is going to leave a strong impression on everyone who sees it. I'm looking forward to seeing it posted around the city. —[3]—.

By sometime tomorrow, I'll send you the list of bands that will be performing during the event. —[4]—. I just need to confirm the order in which they'll be on stage. After that, you will have all the information needed for the poster. In the meantime, if you could prepare a smaller version for print in newspapers, I'd appreciate it. I'll be in touch again soon.

Bill Whittaker

64. What is one purpose of the e-mail?

(A) To suggest revisions to an illustration

(B) To ask for additional design samples

(C) To grant authority to make a decision

(D) To specify a preferred option

65. Who most likely is Mr. Whittaker?

(A) An event promoter

(B) A graphic artist

(C) A news reporter

(D) A park official

66. What is suggested about the stage performance?

(A) Tickets for the show have already sold out.

(B) Audience members will be given posters.

(C) It will last longer than originally scheduled.

(D) It will feature a variety of musical acts.

67. In which of the positions marked [1], [2], [3], and [4] does the following sentence best belong?

"I am absolutely certain it will increase turnout."

(A) [1]

(B) [2]

(C) [3]

(D) [4]

第1段落冒頭で、I've looked over the poster samples you sent yesterday, and the one with the picture of the park fountain and stage grabs my attention the most. (昨日送っていただいたポスターの見本に目を通して、公園の噴水と舞台の写真があるものが一番私の注目を引き付けています) と述べ、4つの見本のすべてに満足しているので、1つだけ選ぶのが難しかったことを続けている。ここで、送ってもらった4つの見本のうち、公園の噴水と舞台の写真があるものを選んだことを伝えているので、(D) To specify a preferred option (好ましい選択肢を特定すること) が目的の1つであると言える。

 「一番私の注目を引き付けている」と言うことで、それを選んだことを間接的に伝えているので、To specify a preferred option (好ましい選択肢を特定すること) が目的であることは、わかりにくかったかもしれませんが、In fact, it was difficult to choose only one. (実際、1つだけを選ぶのは難しいことでした) と述べているので、1つだけ選んだことがわかります。

Mr. Whittaker はこのEメールの書き手で、Eメールの内容からイベント用ポスターを発注している側であることがわかる。また、第3段落では、イベントで演奏するバンドの出演順を確認する作業を行っていることが述べられている。これらのことから、彼は、(A) An event promoter (イベントの

主催者）であると推測できる。

 設問に most likely（〜と考えられる）が入っている問題は、本文の内容から、正解の可能性が最も高いと判断できる選択肢を選びます。この問題でも、An event promoter（イベントの主催者）であると明確に示されている訳ではありませんが、内容から判断してその可能性が高いです。

66. 正解 (D)

第3段落に、I'll send you the list of bands that will be performing during the event.（イベント中に演奏するバンドのリストをお送りします）とある。ここから、複数のバンドが演奏することがわかるので、(D) It will feature a variety of musical acts.（様々な音楽の出し物を行う）と言い換えられる。

 feature には名詞と動詞の用法があり、意味も多様です。動詞では、催しが主語の場合、その催しで「出し物として行う」という意味になります。その他、「（記事で）特集する」「（人を）出演させる」「重要な部分として含む」という意味もあります。また、名詞では「機能」「特徴」「主要なもの」などになります。

I am absolutely certain it will increase turnout. (私は、それが来場者数の増加をもたらすことを強く確信しています) の it は、ポスターを指すので、ポスターが集客に役立つという内容が合う部分を探す。第2段落で、ポスターが見る人々に強い印象を与える出来栄えになっていること、そしてそれが市内に掲示されるのを書き手が楽しみにしていることが述べられているので、[3] に入れると文脈に合う。

it がフックになっています。[3] に入れると、挿入文中の it が、2文前の the poster is going to leave a strong impression on everyone who sees it. (このポスターは見る人々に強い印象を与える) の the poster と、直前の文の I'm looking forward to seeing it posted around the city. (それが市内に掲示されるのを見るのが楽しみです) の it を受ける形になり、上手く繋がります。

- □ **sample** 名 見本
- □ **look over** 目を通す
- □ **fountain** 名 噴水
- □ **stage** 名 舞台、ステージ
- □ **grab** 動 とらえる
- □ **attention** 名 注意、注目
- □ **grab ～'s attention** ～の注目を引き付ける
- □ **pleased** 形 満足している 同 delighted
- □ **in fact** 実際
- □ **choose** 動 選ぶ
- □ **decide** 動 決める
- □ **go with ～** ～を選ぶ
- □ **thick** 形 太い
- □ **letter** 名 文字
- □ **stand out** 目立つ
- □ **propose** 動 提案する
- □ **realize** 動 気がつく
- □ **take up** 占める、とる
- □ **expect** 動 予想する
- □ **leave** 動 残す
- □ **impression** 名 印象
- □ **look forward to -ing** ～することを楽しみにしている
- □ **post** 動 掲示する
- □ **perform** 動 演奏する
- □ **confirm** 動 確認する
- □ **order** 名 順番
- □ **in the meantime** それまでの間
- □ **prepare** 動 用意する
- □ **print** 名 印刷
- □ **appreciate** 動 感謝する

□ **be in touch**　連絡する

□ **suggest**　動 提案する、示す

□ **revision**　名 改訂

□ **illustration**　名 イラスト

□ **additional**　形 追加の

□ **grant**　動 与える

□ **authority**　名 権限

□ **decision**　名 決定

□ **specify**　動 特定する

□ **preferred**　形 好ましい

□ **option**　名 選択肢

□ **likely**　副 おそらく

□ **promoter**　名 主催者

□ **graphic**　形 グラフィックの

□ **artist**　名 アーティスト、芸術家

□ **news reporter**　報道記者

□ **official**　名 職員

□ **stage performance**　舞台公演

□ **sold out**　売り切れである

□ **last**　動 続く

□ **originally**　副 当初

□ **schedule**　動 予定に入れる

□ **feature**　動 （イベントが出し物を）行う、含む

□ **a variety of 〜**　様々な〜

□ **musical**　形 音楽の

□ **act**　名 出し物

□ **absolutely**　副 完全に、間違いなく

□ **certain**　形 確信している

□ **turnout**　名 来場者数

問題64〜67は次のEメールに関するものです。

受信者：Rick Allen
差出人：Bill Whittaker
日付：10月4日
件名：見本

こんにちは、Rick

昨日送っていただいたポスターの見本に目を通して、公園の噴水と舞台の写真があるものが一番私の注目を引き付けています。それでも、私は4つの見本のすべてのデザインにとても満足しています。実際、1つだけを選ぶのは難しいことでした。また、あなたが太い文字を使うことに決めたことも、最初のミーティングで私が提案したものより目立つので、満足しています。

このプロジェクトが予想していたより多くあなたの時間を取ってしまっていることは承知していますが、このポスターは見る人々に強い印象を与えると思います。それが市内に掲示されるのを見るのが楽しみです。私は、それが来場者数の増加をもたらすことを強く確信しています。

明日中に、イベント中に演奏するバンドのリストをお送りします。私は、彼らがステージに上がる順番を確認する必要があるだけです。その後、ポスターに必要な情報はすべてあなたの元にそろいます。それまでの間、新聞掲載用にポスターの小型バージョンを用意していただけると幸いです。近々またご連絡いたします。

Bill Whittaker

64. Eメールの目的の1つは何ですか。

(A) イラストの改訂を提案すること
(B) 追加のデザインの見本を求めること
(C) 決定を下す権限を与えること
(D) 好ましい選択肢を特定すること

65. Whittakerさんは誰だと考えられますか。

(A) イベントの主催者
(B) グラフィックアーティスト
(C) 報道記者
(D) 公園の職員

66. 舞台公演について、何が示唆されていますか。

(A) 出し物のチケットは、すでに完売した。
(B) 観客にポスターが与えられる。
(C) 当初の予定より長くなる。
(D) 様々な音楽の出し物を行う。

67. [1]、[2]、[3]、[4]と記載された箇所のうち、次の文が入るのに最もふさわしいのはどれですか。

「私は、それが来場者数の増加をもたらすことを強く確信しています」

(A) [1]
(B) [2]
(C) [3]
(D) [4]

22

Questions 68–71 refer to the following e-mail. ◀ 22

E-Mail Message	
To:	Jennifer Roberts
From:	Pam McCauley
Date:	November 6
Subject:	Plant designs

Dear Ms. Roberts:

Our board of directors has reviewed your designs for the Mexico factory our company plans to build. They are quite pleased with your work and impressed with the factory layout you proposed, as they can clearly see how it would allow for a high degree of efficiency.

Unfortunately, however, our production output has decreased over the past quarter due to weakened demand for our products, and we have therefore decided to postpone construction of the facility. As you may already know, our subsidiary in Asia is now building a plant in Vietnam, where some of our products will be manufactured. We have decided to wait until it is up and running next year before we reevaluate our production needs here in North America.

Our company is developing several new products, which will reach the production phase in two to three years' time. Our Belize factory will not be able to handle the production capacity we anticipate. Even though we will not be building the Mexico factory next year, we will certainly need it before long. Of course, you will be fully compensated for your work on this project thus far and in accordance with your contract.

In addition, you will be pleased to know that we are continuing with our plans to expand our branch office in Canada, and we look forward to seeing your designs for the extension to that building. I will be at our Michigan headquarters for the rest of this month, so if you would like to discuss anything over the phone, you can reach me there at 555-0174.

Best regards,

Pam McCauley

68. Why has the company's plan changed?

(A) Building costs are rising in a particular country.

(B) Some design specifications were not submitted on time.

(C) Fewer products than expected have been sold.

(D) Board members disagree on where to establish a factory.

69. Where is a factory currently under construction?

(A) In Vietnam

(B) In Canada

(C) In Mexico

(D) In Belize

70. According to the e-mail, what will be discussed next year?

(A) Labor conditions overseas

(B) Potential factory locations

(C) The appointment of regional supervisors

(D) Future production needs

71. What does Ms. McCauley emphasize in the e-mail?

(A) An architect will be paid for work on a postponed project.

(B) The company will amend an agreement with a material supplier.

(C) Most of the firm's products will eventually be manufactured in Asia.

(D) Some machines will soon be replaced with more efficient equipment.

第2段落冒頭に、Unfortunately, however, our production output has decreased over the past quarter due to weakened demand for our products, and we have therefore decided to postpone construction of the facility. (しかし残念なことに、弊社製品に対する需要が弱まったため、この四半期にかけて生産高が減少しており、そのため弊社は施設の建設を延期することを決めました) とある。ここから、製品の需要が弱まったことを受けて、建設計画の延期を決めたことがわかるので、(C) Fewer products than expected have been sold. (予想より少ない数の製品しか売れなかった) が正解。

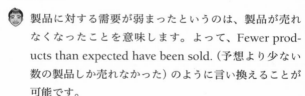

製品に対する需要が弱まったというのは、製品が売れなくなったことを意味します。よって、Fewer products than expected have been sold. (予想より少ない数の製品しか売れなかった) のように言い換えることが可能です。

このfewerは、「より少ない」という意味の形容詞で、可算名詞の複数形を修飾します。ここでは、「予想していたよりも少ない数の製品が売れた→予想していたより少ない数しか売れなかった」という意味です。

69. 正解 (A)

第2段落に、our subsidiary in Asia is now building a plant in Vietnam（アジアの弊社子会社は現在、工場を Vietnam に建設中です）とある。ここから、工場の建設が行われている場所は、Vietnam であるとわかる。

 plant が factory、now が currently に言い換えられています。

 設問の under construction（建設中）も重要表現です。

70. 正解 (D)

第2段落の終わりに、We have decided to wait until it is up and running next year before we reevaluate our production needs here in North America.（ここ北米における生産の必要性を再評価するのは、来年この工場が立ち上がって稼働するまで待つことにいたします）とある。来年になると現在建設中の工場の稼働が始まり、それを待って北米での生産の必要性を再検討するということなので、来年話し合うことは、(D) Future production needs（将来の生産の必要性）と言える。

 reevaluate の re は「再び」、evaluate は「評価する」という意味なので、「再評価する」になります。再評価する過程で、話し合いが行われるので、設問の will be discussed と対応しています。

第3段落の終わりに、Of course, you will be fully compensated for your work on this project thus far and in accordance with your contract. (もちろん、このプロジェクトにおけるあなたのこれまでの仕事に対して、契約書に則り全額お支払いいたします)とある。ここが強調されている部分なので、(A) An architect will be paid for work on a postponed project. (建築士は、延期されたプロジェクトの仕事に対して、支払われる) が正解。

 Of course (もちろん) が強調の指標になっています。

compensate は、損害や損失に対して「補償する、埋め合わせをする」という意味ですが、仕事に対して対価を支払うという意味にもなります。名詞の compensation も「補償金、埋め合わせ」の他に「報酬、賃金、給与」の意味もあります。

- □ **plant** 名 工場 同 factory
- □ **design** 名 設計図
- □ **board of directors** 取締役会
- □ **review** 動 検討する、詳しく調べる
- □ **pleased** 形 満足している
- □ **impressed** 形 感銘を受けた
- □ **layout** 名 配置
- □ **propose** 動 提案する
- □ **clearly** 副 はっきりと
- □ **see** 動 わかる
- □ **allow for ~** ~を可能にする
- □ **efficiency** 名 効率性
- □ **unfortunately** 副 残念なことに
- □ **however** 副 しかし
- □ **production** 名 生産
- □ **output** 名 産出量
- □ **production output** 生産高
- □ **decrease** 動 減る
- □ **quarter** 名 四半期
- □ **due to ~** ~のため
- □ **weaken** 動 弱める
- □ **demand** 名 需要 関 supply 供給
- □ **therefore** 副 したがって
- □ **decide** 動 決める
- □ **postpone** 動 延期する 同 put off
- □ **construction** 名 建設
- □ **facility** 名 施設
- □ **subsidiary** 名 子会社
- □ **manufacture** 動 製造する

- □ **up and running** 立ち上がって稼働する
- □ **reevaluate** 動 再評価する
- □ **develop** 動 開発する
- □ **reach** 動 達する
- □ **phase** 名 段階
- □ **Belize** ベリーズ（国名、メキシコとグアテマラに国境を接する、カリブ海に面した中米の国）
- □ **handle** 動 担う
- □ **production capacity** 生産能力
- □ **anticipate** 動 予測する、見込む
- □ **even though** ～　～であるけれども
- □ **certainly** 副 必ず、確実に
- □ **before long** やがて、間もなく
- □ **fully** 副 完全に
- □ **compensate** 動（対価を）支払う
- □ **thus far** これまでの
- □ **in accordance with** ～　～に則り
- □ **contract** 名 契約書
- □ **in addition** さらに
- □ **continue** 動 続ける
- □ **expand** 動 拡張する
- □ **branch** 名 支社、支店
- □ **extension** 名（建物の）増築
- □ **headquarters** 名 本社
- □ **rest** 名 残り
- □ **discuss** 動 話し合う
- □ **reach** 動 連絡する
- □ **particular** 形 特定の
- □ **design specification** 設計仕様書

208

- □ **submit** 動 提出する
- □ **on time** 予定通り
- □ **expect** 動 予想する
- □ **disagree** 動 意見を異にする
- □ **establish** 動 設立する
- □ **currently** 副 現在
- □ **under construction** 建設中
- □ **according to ～** ～によると
- □ **labor** 名 労働
- □ **condition** 名 条件
- □ **overseas** 副 海外で
- □ **potential** 形 可能性のある
- □ **location** 名 場所
- □ **appointment** 名 任命
- □ **regional** 形 地域の
- □ **supervisor** 名 監督者、管理者
- □ **emphasize** 動 強調する
- □ **architect** 名 建築士
- □ **amend** 動 修正する、改訂する
- □ **agreement** 名 合意、合意書
- □ **material supplier** 資材供給業者
- □ **eventually** 副 いずれは、最終的に
- □ **replace** 動 置き換える、交換する
- □ **efficient** 形 効率の良い
- □ **equipment** 名 機器

問題68〜71は次のEメールに関するものです。

受信者：Jennifer Roberts
送信者：Pam McCauley
日付：11月6日
件名：工場の設計図

Roberts様

弊社取締役会は、弊社が建設する予定のMexico工場のあなたの設計図を検討しました。彼らはあなたの制作物にとても満足しており、工場の配置がどのように高度の効率性を可能にするかはっきりとわかるので、それに感銘を受けています。

しかし残念なことに、弊社製品に対する需要が弱まったため、この四半期にかけて生産高が減少しており、そのため弊社は施設の建設を延期することを決めました。すでにご存じかもしれませんが、アジアの弊社子会社は現在、工場をVietnamに建設中で、そこで弊社製品のいくつかが製造されることになります。ここ北米における生産の必要性を再評価するのは、来年この工場が立ち上がって稼働するまで待つことにいたします。

弊社はいくつかの新製品を開発中で、それらは2〜3年後に生産段階に入ります。弊社のBelize工場は、我々が見込んでいる生産能力を担うことができません。来年にMexico工場を建設しないとしても、やがて必ず必要となります。もちろん、このプロジェクトにおけるあなたのこれまでの仕事に対して、契約書に則り全額お支払いいたします。

さらに、あなたにとって朗報だと思いますが、弊社は Canada の支社を拡張する計画を続けており、我々はその建物に対するあなたの増築設計図を見るのを楽しみにしております。私は、今月いっぱい Michigan の本社におりますので、電話で何かお話しになりたい場合は、555-0174 まで私宛にご連絡ください。

敬具

Pam McCauley

68. 会社の計画はなぜ変更になったのですか。

　(A) 建築費用が特定の国で上昇している。
　(B) 設計仕様書が予定通りに提出されなかった。
　(C) 予想より少ない数の製品しか売れなかった。
　(D) 取締役が工場をどこに設立するかで意見を異にしている。

69. 工場は現在、どこで建設中ですか。

　(A) Vietnam
　(B) Canada
　(C) Mexico
　(D) Belize

70. E メールによると、来年何が話し合われますか。

　(A) 海外における労働条件
　(B) 可能性のある工場の場所
　(C) 地域監督者の任命
　(D) 将来の生産の必要性

71. McCauley さんはEメールで何を強調していますか。

(A) 建築士は、延期されたプロジェクトの仕事に対して、支払われる。
(B) 会社は、資材供給業者との合意書を修正する。
(C) 会社の製品のほとんどは、いずれはアジアで製造されることになる。
(D) いくつかの機械は、もうすぐ効率性の高い機器に置き換えられる。

23

Questions 72–75 refer to the following e-mail. 🔊 23

To: Katie Greenwood
From: Kevin Miller
Date: 4 August
Subject: Twin Valley Hotel Accommodations

Dear Ms. Greenwood:

Thank you for contacting the Twin Valley Hotel. We would be happy to provide you with accommodations during your stay in Wellington next week, but unfortunately, we do not have enough rooms to meet your request. —[1]—. Since the Wanganui Jazz Festival will be held in town next weekend, most of our rooms are already reserved. However, three of our smaller rooms are still available on the ground floor.

Our ground-floor rooms each have a queen-size bed and bathroom with a shower. They also have a mini-refrigerator, cable TV, and high-speed Internet access. —[2]—. Each room is $65 per night, and this includes breakfast. Additionally, the hotel has an exercise room with several types of equipment such as stationary bicycles, treadmills, and weight machines.

We also want to inform you that the Fenwick Inn is just down the street from our location. —[3]—. We therefore suggest that you break up your party between our hotel and the one nearby.

If you would like to reserve the three rooms for two nights beginning on 11 August at our hotel, please send me an e-mail or call me at 555-0192. —[4]—. We can also help you make a reservation at the Fenwick Inn if you would like.

Yours truly,

Kevin Miller
Manager, Twin Valley Hotel

72. Why was the e-mail written?

    (A) To promote a music festival

    (B) To explain a temporary closure

    (C) To confirm the duration of a stay

    (D) To describe some options

73. What is mentioned about the Twin Valley Hotel?

    (A) It is near the Fenwick Inn.

    (B) It is the venue for an annual event.

    (C) It is currently renovating its restaurant.

    (D) It is fully booked next week.

74. What is implied about Ms. Greenwood?

    (A) She previously stayed at the Twin Valley Hotel.

    (B) She is planning to check out on August 11.

    (C) She has been hired to perform at an event.

    (D) She wants to book more than three rooms.

75. In which of the positions marked [1], [2], [3], and [4] does the following sentence best belong?

"As of this morning, there are still some vacancies."

(A) [1]

(B) [2]

(C) [3]

(D) [4]

第1段落で、予約済みの部屋が多く、部屋数が足りないので要望に沿えないことを述べ、小さめの部屋なら3部屋空きがあることを伝えている。また、第3段落では、グループを分けて、近隣の別のホテルにも泊まることを提案している。小さい部屋に泊まることと別のホテルを利用することは、option（選択肢）なので、(D) To describe some options（選択肢の説明をするため）がこのEメールの目的であると言える。

🤓 全体の内容を考えて、文書の目的を答える問題でした。通常の目的を問う問題と異なり、前半部分に注目しても答えが選べないので、難易度が高い問題です。

第3段落に、the Fenwick Inn is just down the street from our location.（当ホテルから通りを少し行ったところにFenwick Innがあります）とある。just down the street（通りを少し行ったところ）というのは、距離が近いことを意味するので、(A) It is near the Fenwick Inn.（Fenwick Innの近くにある）が正解。

🙂 第3段落の終わりで、Fenwick Innのことをthe one nearby（この近隣のホテル）と言い換えていることもヒントになります。

第1段落で小さめの部屋なら3部屋空きがあることを伝え、第3段落で近隣のFenwick Innも利用することを勧めている。さらに第4段落で、Twin Valley Hotelで3部屋の予約を希望する場合はEメールを送るか、電話をするように伝え、Fenwick Innの予約の手伝いもすると申し出ている。これらのことから、メールの受信者であるMs. Greenwoodは3部屋より多い部屋数を必要としているとわかるので、(D) She wants to book more than three rooms.（3部屋より多く予約することを望んでいる）が正解。

 何部屋必要なのか具体的な数字は挙げられていませんが、こちらのホテルで3部屋取って、さらに別のホテルも使うとなれば、必然的に3部屋より多く求めていることになります。

As of this morning, there are still some vacancies.（本日午前中の時点で、まだ数部屋空きがあります）はホテルの空き状況を伝えているので、近隣のホテルの紹介をしている第3段落の [3] に入れるのが適切。ここに入れると、挿入文が「Fenwick Innにはまだ空きがある」という意味になり、後続の We therefore suggest that you break up your party between our hotel and the one nearby.（よって、グループを当ホテルとこの近隣のホテルに分けることをご提案いたします）と上手く繋がる。

 フックは直後の文のtherefore（よって）で、「まだ空きがある。よって、…」という流れができます。

- □ **accommodation** 名 宿泊施設（アメリカ英語では複数形のaccommodationsで使われることが多い。イギリス英語では不可算名詞）
- □ **contact** 動 連絡をとる
- □ **provide** 動 提供する
- □ **during** 前 〜の間
- □ **stay** 名 滞在
- □ **unfortunately** 副 残念ながら 反 fortunately 幸運なことに
- □ **meet your request** 要望に合う
- □ **since** 接 〜なので 同 because, as
- □ **reserve** 動 予約する 同 book
- □ **however** 副 しかし
- □ **still** 副 まだ
- □ **available** 形 （部屋などが）空いている
- □ **ground floor** 1 階（イギリス英語。アメリカ英語では first floor）
- □ **refrigerator** 名 冷蔵庫（略称：fridge）
- □ **include** 動 含む
- □ **additionally** 副 さらに
- □ **exercise** 名 運動、練習
- □ **several** 形 いくつかの
- □ **equipment** 名 機器
- □ **stationary bicycle** フィットネスバイク
- □ **treadmill** 名 トレッドミル、ランニングマシン
- □ **weight machine** ウエイトマシン（筋トレ用の重りの付いた機器）
- □ **inform** 動 知らせる 同 notify
- □ **down the street** 通りを行ったところ
- □ **location** 名 場所

- □ **therefore** 副 よって
- □ **suggest** 動 提案する
- □ **break up** 分ける
- □ **party** 名 グループ、団体、一行
- □ **nearby** 形 近隣の
- □ **beginning on** 〜 〜から
- □ **reservation** 名 予約
- □ **promote** 動 宣伝する
- □ **explain** 動 説明する
- □ **temporary closure** 臨時休業
- □ **confirm** 動 確認する
- □ **duration** 名 期間
- □ **describe** 動 説明する
- □ **option** 名 選択肢
- □ **mention** 動 述べる
- □ **venue** 名 会場
- □ **annual** 形 年次の、毎年の
- □ **currently** 副 現在
- □ **renovate** 動 改装する
- □ **fully** 副 完全に
- □ **book** 動 予約する
- □ **fully booked** 満室である、完全に予約が埋まっている
- □ **imply** 動 示唆する
- □ **previously** 副 以前
- □ **stay** 動 泊まる、滞在する
- □ **hire** 動 雇う
- □ **perform** 動 演奏する
- □ **as of** 〜 〜の時点で
- □ **vacancy** 名 空き、空室

問題72〜75は次のEメールに関するものです。

受信者：Katie Greenwood
送信者：Kevin Miller
日付：8月4日
件名：Twin Valley Hotelの宿泊施設

Greenwood様

Twin Valley Hotelにご連絡いただきありがとうございます。当ホテルは来週あなたがWellingtonに滞在なさる間、喜んで宿泊施設をご提供したいのですが、残念なことに、ご希望に見合う十分な部屋数がありません。来週末にこの街でWanganui Jazz Festivalが開催されるため、当ホテルのほとんどの部屋がすでに予約済みになっております。しかし、小さめの部屋でしたら、1階に3部屋まだ空きがあります。

1階の各室には、クイーンサイズのベッドとシャワーつきの浴室があります。また、小型冷蔵庫、ケーブルテレビと高速インターネット接続もあります。各部屋1泊65ドルで、これには朝食が含まれます。さらに、当ホテルにはフィットネスバイク、トレッドミル、ウエイトマシンなど、数種類の機器をそなえたエクササイズルームもあります。

また、当ホテルから通りを少し行ったところにFenwick Innがあることもお伝えいたしたく存じます。本日午前中の時点で、まだ数部屋空きがあります。よって、グループを当ホテルとこの近隣のホテルに分けることをご提案いたします。

当ホテルで8月11日から2泊で3部屋をご予約されたい場合
は、私宛てにEメールを送っていただくか、555-0192まで私宛
にお電話をください。ご希望であれば、当方でFenwick Inn の
ご予約のお手伝いもいたします。

敬具

Kevin Miller
支配人、Twin Valley Hotel

72. Eメールはなぜ書かれたのですか。

 (A) 音楽フェスティバルを宣伝するため
 (B) 臨時休業について説明するため
 (C) 滞在期間を確認するため
 (D) 選択肢の説明をするため

73. Twin Valley Hotelについて何が述べられていますか。

 (A) Fenwick Inn の近くにある。
 (B) 年次イベントの会場になっている。
 (C) 現在、レストランを改装中である。
 (D) 来週は、満室である。

74. Greenwoodさんについて何が示唆されていますか。

 (A) Twin Valley Hotel に以前泊まったことがある。
 (B) 8月11日にチェックアウトする予定である。
 (C) イベントで演奏するために雇われた。
 (D) 3部屋より多く予約することを望んでいる。

75. [1]、[2]、[3]、[4]と記載された箇所のうち、次の文が入るの
   に最もふさわしいのはどれですか。

   「本日午前中の時点で、まだ数部屋空きがあります」

   (A) [1]
   (B) [2]
   (C) [3]
   (D) [4]

24

Questions 76–79 refer to the following e-mail. ◀ 24

To: Harris Shelton
From: Benjamin Hearn
Date: November 17
Subject: Community Spirit Awards

Dear Mr. Shelton:

The Community Spirit Awards are given out every year to recognize outstanding volunteer community service work. The main purpose of the awards program is to honor those who have made a positive impact on our community and inspire others to contribute as well. Since its inception, more than 300 individuals and organizations have been nominated by the Public Affairs Council, and over 50 awards have been presented.

It has come to our attention that Weis & Associates organized the August 14 cleanup of the banks of Catfish River. We are therefore nominating your company for an award under the Environmental Initiatives category of our program. Please be aware that we have also nominated another local business for the same accolade and that other organizations are welcome to submit their own nominations by the deadline of December 18.

Judging will take place on January 10, and the winners will formally be presented with their awards at our annual ceremony on January 25. For information about the history of the Community Spirit Awards program, a list of past honorees, and details regarding the awards banquet, please go to www.csawards.org. We hope you also visit the site to review our many proposals for how organizations can make their communities better places to live.

Warmest regards,

Benjamin Hearn
Public Affairs Council

76. Why was the e-mail sent to Mr. Shelton?

(A) An organization would like him to take part in a cleanup.

(B) A banquet will be attended by several of his employees.

(C) He requested information about a community service program.

(D) His company has been selected as a candidate for a prize.

77. When will the award winners be selected?

(A) On January 10

(B) On January 25

(C) On August 14

(D) On December 18

78. According to the e-mail, what can be found on the Web site?

(A) Tips on how to recycle electronics

(B) Forms for applying for a sponsorship

(C) Sign-up procedures for local activities

(D) Names of previous award recipients

79. What is Mr. Shelton encouraged to do?

(A) Submit pictures of an event

(B) Consider some suggestions

(C) Complete an online survey

(D) Meet with Mr. Hearn

第1段落で、ボランティアの地域奉仕活動を表彰するCommunity Spirit賞について説明した後、第2段落でIt has come to our attention that Weis & Associates organized the August 14 cleanup of the banks of Catfish River. We are therefore nominating your company for an award under the Environmental Initiatives category of our program. (Weis & Associatesが8月14日にCatfish Riverの河岸の清掃を行ったことが我々の知ることとなりました。よって、御社を当制度の「環境への取り組み」のカテゴリーでノミネートいたします)と述べている。よって、Mr. SheltonにこのEメールが送られた理由は、(D) His company has been selected as a candidate for a prize. (彼の会社が賞の候補に選ばれた)である。

 nominate (ノミネートする、候補として推薦する) が select (選ぶ) に、award (賞) が prize (賞) に言い換えられています。

第3段落冒頭に、Judging will take place on January 10, and the winners will formally be presented with their awards at our annual ceremony on January 25. (審査は1月10日に行われ、受賞者は1月25日の年次式典で公式に賞を授与されます)とある。ここから、受賞者が選ばれるのは、1月10日であるとわかるので、(A)が正解。

動詞のjudgeには、「判断する、評価する、審理する」

などの意味があります。審査員が受賞者を決める審査
をするのも judge に当たります。また、judge は、名詞
で「審査員」の意味にもなります。

---

78. 正解 (D)

第3段落に、For information about the history of the
Community Spirit Awards program, a list of past honorees,
and details regarding the awards banquet, please go to
www.csawards.org. (Community Spirit賞制度の歴史に関
する情報、これまでの受賞者の一覧、授賞晩餐会の詳細は、
www.csawards.orgをご覧ください) とある。このうち、
a list of past honorees (これまでの受賞者の一覧) が、(D)
Names of previous award recipients (以前の受賞者の名
前) に対応している。

 honorは、名詞では「栄誉、名声、表彰」、動詞では「栄
誉を授ける、称賛する、(合意や約束を) 守る」などの
意味があります。語尾に -ee で付くと「〜される人」の
意味になるので、honoreeは、honor される人 (受賞者)
です。「employされる人がemployee (従業員)」「train
される人がtrainee (研修生)」などと同じパターンです。

---

79. 正解 (B)

第3段落の最後に、We hope you also visit the site to
review our many proposals for how organizations can
make their communities better places to live. (また、組織
がどのように地域社会をより住みやすい場所にすることが

できるかについての我々の数多くの提案をご検討いただく
のにサイトを訪問していただけることも願っております）と
ある。数多くの提案がサイト上に載っており、それを見て検
討してほしいということが伝えられているので、このEメー
ルの受け手であるMr. Sheltonが勧められていることは、(B)
Consider some suggestions（提案を検討する）である。

😊 動詞のreviewには、「見直す、復習をする、詳しく調
べる、確認する、批評する」などの意味があります。こ
こでは、「検討する」の意味で使われているので、con-
siderへの言い換えが可能です。

- □ **community** 名 地域社会
- □ **spirit** 名 精神
- □ **award** 名 賞
- □ **recognize** 動 表彰する
- □ **outstanding** 形 卓越した
- □ **community service** 地域奉仕活動
- □ **honor** 動 称賛する、栄誉を与える
- □ **positive** 形 有益な
- □ **impact** 名 影響
- □ **inspire** 動 動機付ける、刺激を与える
- □ **contribute** 動 貢献する
- □ **inception** 名 開始
- □ **individual** 名 個人
- □ **organization** 名 組織
- □ **nominate** 動 ノミネートする、方向として推薦する
- □ **public affairs** 公共活動
- □ **council** 名 協議会
- □ **present** 動 授与する
- □ **it has come to our attention that ～** ～が我々の知る ところとなった
- □ **cleanup** 名 清掃
- □ **therefore** 副 よって
- □ **environmental** 形 環境の
- □ **initiative** 名 (問題解決に向けた) 新たな取り組み
- □ **accolade** 名 栄誉、称賛
- □ **welcome** 形 歓迎される
- □ **be welcome to ～** 自由に～してよい
- □ **submit** 動 提出する
- □ **deadline** 名 締め切り、締切日
- □ **judge** 動 審査する

- □ **formally** 副 公式に
- □ **annual** 形 年次の
- □ **ceremony** 名 式典
- □ **past** 形 過去の
- □ **honoree** 名 受賞者　類 winner 勝者、受賞者
- □ **detail** 名 詳細
- □ **regarding** 前 〜に関する　同 about, concerning
- □ **awards banquet** 授賞晩餐会
- □ **review** 動 検討する
- □ **proposal** 名 提案
- □ **take part** 参加する　同 participate
- □ **attend** 動 参加する
- □ **employee** 名 従業員
- □ **request** 動 求める
- □ **select** 動 選ぶ
- □ **candidate** 名 候補者
- □ **prize** 名 賞
- □ **tip** 名 ヒント、アドバイス、コツ
- □ **recycle** 動 リサイクルする、再生利用する
- □ **electronics** 名 電子機器
- □ **apply** 動 申請する
- □ **sponsorship** 名 資金援助
- □ **sign-up procedure** 登録手続き
- □ **previous** 形 以前の
- □ **award recipient** 受賞者
- □ **encourage** 動 勧める
- □ **consider** 動 考慮する
- □ **suggestion** 名 提案
- □ **complete** 動 （用紙に）記入する　同 fill out
- □ **survey** 名 調査、調査票

問題76～79は次のEメールに関するものです。

受信者：Harris Shelton
送信者：Benjamin Hearn
日付：11月17日
件名：Community Spirit賞

Shelton様

Community Spirit賞は、卓越したボランティアの地域奉仕活動を表彰するために毎年授与されます。この表彰制度の主な目的は、地域社会に有益な影響を与えた人々を称賛し、他の人々も貢献するように動機付けることです。開始以来、300以上の個人と組織が公共活動審議会によってノミネートされ、50以上の賞が授与されました。

Weis & Associatesが8月14日にCatfish Riverの河岸の清掃を行ったことが我々の知ることとなりました。よって、御社を当制度の「環境への取り組み」のカテゴリーでノミネートいたします。我々が別の地元企業を同じ栄誉にノミネートしていること、および他の組織が締切日の12月18日までに自由に自薦の提出をできることをご留意ください。

審査は1月10日に行われ、受賞者は1月25日の年次式典で公式に賞を授与されます。Community Spirit賞制度の歴史に関する情報、これまでの受賞者の一覧、授賞晩餐会の詳細は、www.csawards.orgをご覧ください。また、組織がどのように地域社会をより住みやすい場所にすることができるかについて

の我々の数多くの提案をご検討いただくのにサイトを訪問していただけることも願っております。

敬具

Benjamin Hearn
公共活動審議会

76. EメールはなぜSheltonさんに送られたのですか。

(A) 組織は、彼が清掃に参加することを望んでいる。
(B) 晩餐会に彼の従業員数名が参加する。
(C) 彼は、地域奉仕制度に関する情報を求めた。
(D) 彼の会社が賞の候補に選ばれた。

77. 受賞者はいつ選ばれますか。

(A) 1月10日
(B) 1月25日
(C) 8月14日
(D) 12月18日

78. Eメールによると、ウェブサイトで何が見つかりますか。

(A) 電子機器のリサイクル方法に関するヒント
(B) 資金援助の申請フォーム
(C) 地域活動への登録手続き
(D) 以前の受賞者の名前

79. Shelton さんは何をするように勧められていますか。

   (A) イベントの写真を提出する
   (B) 提案を検討する
   (C) オンライン調査票に記入する
   (D) Hearn さんに会う

25

Questions 80–83 refer to the following letter. ◀ 25

August 1

Lei Yu
1680 St. John Street
Jansen, SK S4P 3Y2

Dear Mr. Yu:

We would like to cordially invite you to attend the twelfth annual National Hospital Association Conference (NHAC). This four-day event will consist of a number of lectures as well as a trade fair. It will begin on November 12 and take place at the newly built Totem Exhibition Centre in Ottawa.

Every year, the NHAC provides valuable opportunities for medical professionals working in diverse fields at hospitals across the country to exchange information on the latest developments in their disciplines. — [1] —. Moreover, it contributes to the advancement of healthcare in Canada and the development of best practices in a wide range of areas, from nursing and medical equipment to hospital management.

Please be aware that conference attendees are required to pay the conference registration fee upon registering for the event. The fee covers admission to all lectures and the trade fair floor. — [2] —. Our staff has started accepting registrations via our Web site, and individuals who sign up before October 1 are being offered a reduced fee. Conference badges will be issued at the reception counter at the exhibition centre. — [3] —. We have enclosed a flyer with additional information about the event and a step-by-step guide on how to register. You will also find some brochures for hotels located near the venue. We recommend that attendees make hotel reservations as soon as possible, as it may become difficult to find available accommodations closer to the date of the event. — [4] —.

To find out who will be presenting this year and what organizations will have a booth set up at the trade fair, visit www.nhac.org.

We hope to see you in November.

Yours sincerely,

Emma Shepherd

Emma Shepherd
NHAC President

80. What is most likely true about Mr. Yu?

    (A) He wrote a review of some equipment.

    (B) He works in the healthcare industry.

    (C) He will present a paper at an event.

    (D) He was reimbursed for some charges.

81. What is indicated in the letter?

    (A) Mr. Yu attended the conference last year.

    (B) Mr. Yu plans to reserve a booth at the trade fair.

    (C) The conference will be held at a new venue.

    (D) Ms. Shepherd will give a lecture at the conference.

82. What is NOT suggested about the conference?

    (A) Attendees will receive conference badges by mail.

    (B) Attendees are advised to make bookings in advance.

    (C) Mr. Yu is able to sign up for the event in August.

    (D) Registration instructions have been sent along with the letter.

83. In which of the positions marked [1], [2], [3], and [4] does the following sentence best belong?

"A complimentary ticket to the closing banquet will also be provided upon payment."

(A) [1]

(B) [2]

(C) [3]

(D) [4]

第1段落でこの手紙の受け手の Mr. Yu を National Hospital Association Conference へ招待していることが伝えられ、第2段落で、この大会は病院の多様な分野で働く医療専門家に最新の進歩に関する情報交換の機会を提供していて、カナダの医療の進歩と多様な分野における最良の実践方法の開発に貢献していると述べている。医療関係者向けの大会に招待されているということから、Mr. Yu もその分野に携わっていると推測できるので、(B) He works in the healthcare industry.（医療業界で働いている）が正解。

 第1段落と第2段落の大意を踏まえて解く問題でした。

第1段落の終わりに、It will begin on November 12 and take place at the newly built Totem Exhibition Centre in Ottawa.（11月12日から、Ottawa にある新築の Totem Exhibition Centre で開催されます）とある。ここから、この大会の会場となる Totem Exhibition Centre は、新しく建てられた建物であるとわかる。よって、(C) The conference will be held at a new venue.（大会は、新しい会場で行われる）が正解。

 newly built は、「新しく建てられた、新築の」という意味なので、この建物は以前存在していなかったことになります。よって、昨年の大会は別の会場で行われたことになるので、「新しい会場で行われる」と言えます。

第3段落に、Conference badges will be issued at the reception counter at the exhibition centre.（大会バッジは、展示場の受付カウンターで支給いたします）とある。この部分が (A) Attendees will receive conference badges by mail.（参加者は、大会バッジを郵便で受け取る）と食い違うので、これが正解。(B) は第3段落終わりの We recommend that attendees make hotel reservations as soon as possible, as it may become difficult to find available accommodations closer to the date of the event.（イベントの開催日近くになると利用可能な宿泊施設を見つけることが難しくなる可能性がありますので、参加者の皆様はできるだけ早くホテルの予約をすることをお勧めいたします）、(D) は第3段落の We have enclosed a flyer with additional information about the event and a step-by-step guide on how to register.（イベントに関する追加の情報と段階を追った申込方法の案内を含むチラシを同封いたしました）が対応している。(C) に関しては、この手紙の日付が August 1（8月1日）になっていることと、第3段落に Our staff has started accepting registrations via our Web site（スタッフはウェブサイトを介して申し込みの受付を始めております）とあることから、Mr. Yu は8月に申し込みができるとわかる。

👨 NOT問題を大別すると、「1. 正解の選択肢の情報が本文中にない　2. 正解の選択肢の情報が本文の記述と合致しない」の2タイプあります。1のタイプの問題は確認に時間がかかりますが、この問題は2のタイプなので、比較的解くのに時間がかかりません。

A complimentary ticket to the closing banquet will also be provided upon payment. (支払いの際に閉会の晩餐会の無料チケットも提供されます) は、参加費の支払いに関する内容になっているので、支払い関連の記述を探す。第3段落冒頭に、Please be aware that conference attendees are required to pay the conference registration fee upon registering for the event. The fee covers admission to all lectures and the trade fair floor. (大会参加者は、このイベントに申し込む際、大会参加費の支払いが必要であることをご留意ください。料金には、すべて講義と展示会フロアーへの入場が含まれます) とあるので、この直後の[2]に入れると文脈に合う。

挿入文中のalsoがフックになっています。[2] の直前の文は、The fee covers admission to all lectures and the trade fair floor. (料金には、すべて講義と展示会フロアーへの入場が含まれます) で、料金に含まれるものが述べられているので、「(それに加えて) 閉会の晩餐会の無料チケット**も**」の「〜も」を表すalsoが上手くはまります。

- □ **cordially** 副 謹んで、心から、誠意をもって
- □ **invite** 動 招待する
- □ **attend** 動 参加する、出席する
- □ **annual** 形 年次の
- □ **association** 名 協会
- □ **conference** 名 大会、学会
- □ **consist of ～** ～で構成される、～から成る
- □ **lecture** 名 講義
- □ **trade fair** 展示会、見本市
- □ **newly** 副 新しく
- □ **exhibition** 名 展示
- □ **provide** 動 提供する
- □ **valuable** 形 貴重な
- □ **opportunity** 名 機会
- □ **medical** 形 医療の
- □ **professional** 名 専門的職業に就いている人、専門家
- □ **diverse** 形 多様な
- □ **field** 名 分野
- □ **across the country** 国中の
- □ **exchange** 動 交換する
- □ **latest** 形 最新の
- □ **development** 名 開発
- □ **discipline** 名 分野、領域
- □ **moreover** 副 さらに
- □ **contribute** 動 貢献する
- □ **advancement** 名 進歩、前進
- □ **healthcare** 名 医療
- □ **practice** 名 実践方法
- □ **a wide range of ～** 多様な～

- □ **area** 名 分野
- □ **nursing** 名 看護
- □ **equipment** 名 機器
- □ **hospital management** 病院管理
- □ **please be aware that ～** ～をご留意ください
- □ **attendee** 名 参加者 同 participant
- □ **require** 動 求める
- □ **registration** 名 登録、申し込み
- □ **fee** 名 料金
- □ **conference registration fee** 大会参加費
- □ **upon -ing** ～する際
- □ **cover** 動 (費用に) 含まれる
- □ **admission** 名 入場、入ること
- □ **accept** 動 受け付ける
- □ **via** 前 ～を介して
- □ **individual** 名 個人
- □ **sign up** 申し込む
- □ **reduced** 形 割引の
- □ **issue** 動 支給する
- □ **reception** 名 受付
- □ **enclose** 動 同封する
- □ **flyer** 名 ちらし
- □ **additional** 形 追加の
- □ **step-by-step** 形 段階を追った
- □ **register** 動 申し込む、登録する
- □ **brochure** 名 パンフレット
- □ **located** 形 ～にある
- □ **venue** 名 会場
- □ **recommend** 動 勧める

□ **reservation** 名 予約 同 booking

□ **as soon as possible** できるだけ早く

□ **available** 形 空いている

□ **accommodation** 名 宿泊施設（アメリカ英語では複数形のaccommodationsで使われることが多い。イギリス英語では不可算名詞）

□ **find out** 調べる

□ **present** 動（学会等で）発表する

□ **review** 名 批評、論評

□ **industry** 名 業界、産業

□ **paper** 名 論文

□ **reimburse** 動 払い戻す

□ **charge** 名 料金

□ **reserve** 動 予約する 同 book

□ **suggest** 動 示唆する

□ **by mail** 郵便で

□ **advise** 動 勧める

□ **booking** 名 予約 同 reservation

□ **in advance** 事前に

□ **instruction** 名（複数形instructionsで）説明書、説明、指示

□ **along with ～** ～と一緒に

□ **complimentary** 形 無料の

□ **closing** 形 終わりの、締めくくりの

□ **banquet** 名 宴会

問題80～83は次の手紙に関するものです。

8月1日

Lei Yu
1680 St. John Street
Jansen, SK S4P 3Y2

Yu様

あなたを第12回年次National Hospital Association Conference（NHAC）へ謹んでご招待いたします。この4日間のイベントは、展示会に加え多くの講義で構成されます。11月12日から、Ottawaにある新築のTotem Exhibition Centreで開催されます。

毎年、NHACは、国中の病院の多様な分野で働く医療専門家に、彼らの分野の最新の進歩に関する情報を交換し合う貴重な機会を提供しています。さらに、カナダの医療の進歩と、看護や医療機器から病院管理といった多様な分野における最良の実践方法の開発に貢献しています。

大会参加者は、このイベントに申し込む際、大会参加費の支払いが必要であることをご留意ください。料金には、すべて講義と展示会フロアーへの入場が含まれます。支払いの際に閉会の晩餐会の無料チケットも提供されます。スタッフはウェブサイトを介して申し込みの受付を始めており、10月1日より前に申し込みをする方には割引料金が適用されます。大会バッジは、展示

場の受付カウンターで支給いたします。イベントに関する追加の情報と段階を追った申込方法の案内を含むチラシを同封いたしました。また、会場近くのホテルのパンフレットも入っております。イベントの開催日近くになると利用可能な宿泊施設を見つけることが難しくなる可能性がありますので、参加者の皆様はできるだけ早くホテルの予約をすることをお勧めいたします。

今年は誰が発表するのか、そしてどの組織が展示会でブースを出すのか調べるには、www.nhac.orgへアクセスしてください。

11月にお会いできることを願っております。

敬具

Emma Shepherd
NHAC 会長

80. Yu さんについて何が正しいと考えられますか。

    (A) 機器に関する批評を書いた。
    (B) 医療業界で働いている。
    (C) イベントで論文を発表する。
    (D) 料金に対する払い戻しを受けた。

81. 手紙で何が示されていますか。

    (A) Yu さんは、昨年大会に参加した。
    (B) Yu さんは、展示会でブースを予約する予定である。
    (C) 大会は、新しい会場で行われる。
    (D) Shepherd さんは、大会で講義をする。

82. 大会について示唆されていなのはどれですか。

    (A) 参加者は、大会バッジを郵便で受け取る。
    (B) 参加者は、事前に予約することを勧められている。
    (C) Yu さんは、イベントの申し込みを8月にすることができる。
    (D) 申込説明は、手紙と一緒に送られた。

83. [1]、[2]、[3]、[4]と記載された箇所のうち、次の文が入るのに最もふさわしいのはどれですか。

    「支払いの際に閉会の晩餐会の無料チケットも提供されます」

    (A) [1]
    (B) [2]
    (C) [3]
    (D) [4]

26

Questions 84–87 refer to the following e-mail. ◀ 26

To: Elise Charlton
From: Allison Hampton
Date: January 20
Subject: Mayview Clinic 📎

Dear Ms. Charlton,

As part of our commitment to the well-being of our patients, we always aim to create a better environment where they can feel more relaxed while we care for their teeth. Taking this into account, we will be moving to a more spacious building. Beginning Monday, January 28, our new address will be 1592 Belmont Road in Midtown Village. The clinic will be located directly across the street from Advantas Bank and next to Bestboy Burgers. It will have new state-of-the-art equipment, private examination rooms, and a larger waiting area. Your patient identification card will be updated with our new address on your next visit to the clinic.

We will also be welcoming a new addition to our staff. Dr. Claire Yoshida, who until recently had been practicing dentistry in Boston, will be taking appointments at our clinic Tuesdays through Saturdays. As for other changes, we will also be expanding our hours in order to accommodate the number of patients we anticipate treating in the busier downtown area we are moving to. Specifically, patients will be able to come in for an appointment anytime between 7:00 A.M. and 9:00 P.M. on weekdays.

For detailed directions to the new location, please refer to the attached map. Also, please keep in mind that Belmont Road is a one-way street, and if you plan to drive north on Rupert Avenue to reach us, you will have to turn right on Kerwin Street to get to Belmont Road.

Should you have any questions or wish to make an appointment, please call us at 555-0154.

Warmest regards,

Allison Hampton
Head Nurse
Mayview Clinic

84. What is the purpose of the e-mail?

   (A) To explain some changes at a facility

   (B) To announce a temporary closure

   (C) To describe some dental procedures

   (D) To recommend new service policies

85. According to Ms. Hampton, what will be updated?

   (A) A building directory

   (B) A neighborhood map

   (C) A medical history record

   (D) A piece of identification

86. What is stated about Dr. Yoshida?

   (A) She will be replacing Ms. Hampton.

   (B) She worked as a dentist in Boston.

   (C) She requested some refurbishments.

   (D) She will only be available on weekdays.

87. What is NOT indicated about the Mayview Clinic?

(A) Some of its equipment will be new.

(B) It will be moving to a busier location.

(C) Its hours of operation will be extended.

(D) Its new location will be close to public transportation.

第1段落でこの歯科医院が移転することと、それに伴い機器や部屋がより良くなることが伝えられている。さらに、第2段落で新しい歯科医師が入ることと診療時間が延長されることが伝えられている。このEメールの目的は、上記のような変更点について知らせることなので、(A) To explain some changes at a facility（施設における変更を説明すること）が正解。

 clinicがfacilityに言い換えられています。facilityには「施設、機関」という意味があり、clinic（ここでは歯科医院）もfacilityという大きなカテゴリーの中に含まれます。ちなみに、medical facilityで「医療機関」という意味になります。

第1段落の終わりに、Your patient identification card will be updated with our new address on your next visit to the clinic.（あなたの診察券は、次回当医院へお越しの際、新しい住所が入ったものに更新いたします）とある。ここから、診察券が新しいものに更新されることがわかるので、(D) A piece of identification（身分証明書）が正解。

 (A)のbuilding directory（建物の案内板）もTOEIC頻出語です。建物の入り口や各フロアーにある案内板のことです。リスニングの図表問題でも出題例があるので頭に入れましょう。

第2段落に、Dr. Claire Yoshida, who until recently had been practicing dentistry in Boston (最近までBostonで歯科医の仕事をしていたClaire Yoshida歯科医師) とある。ここから、Dr. YoshidaがBostonで歯科医師として働いていたことがわかるので、(B) She worked as a dentist in Boston. (Bostonで歯科医師として働いていた) が正解。

 動詞のpracticeには、専門性の高い仕事に従事するという意味があり、practice dentistryで「歯科医の仕事をする」という意味になります。practice law (弁護士の仕事をする) やpractice medicine (医師の仕事をする) と合わせて覚えておいてください。

第1段落に、The clinic will be located directly across the street from Advantas Bank and next to Bestboy Burgers. (当院は、通りを挟んだAdvantas銀行の真向かいでBestboy Burgersの隣に位置します) とあり、第3段落で車でのアクセス方法の説明があるが、公共交通機関に近いとの記述はないので、(D)が正解。(A)は第1段落のIt will have new state-of-the-art equipment (当院は、新品の最新鋭の機器を備えます)、(B)は第2段落のin the busier downtown area we are moving to (移転先のより人通りの多い中心街において)、(C)は第2段落のwe will also be expanding our hours (当院は診療時間も延長いたします) が対応している。

downtown area（中心地）にあるのだから公共交通機関に近いのだろう、と考えてはいけません。「公共交通機関の近くになる」と言えるためには、本文中に「新しい場所はバス停の目の前です」といった記述が必要です。

□ **as part of ～** 　～の一環として
□ **commitment to ～** 　～への関与
□ **well-being** 名 健康、幸福、快適な状態
□ **patient** 名 患者
□ **aim to ～** 　～することを目指す
□ **create** 動 作る
□ **environment** 名 環境
□ **relaxed** 形 くつろいだ
□ **while** 接 ～の間
□ **care for ～** 　～の手入れをする
□ **take ～ into account** 　～を考慮する
□ **move to ～** 　～に引っ越す
□ **spacious** 形 広々とした
□ **be located** 　位置する
□ **directly** 副 真っすぐに
□ **across the street from ～** 　通りを挟んだ～の向かい
□ **state-of-the-art** 形 最新鋭の
□ **equipment** 名 機器
□ **private** 形 個人用の
□ **examination room** 　診察室

- □ **identification** 名 身分証明書
- □ **patient identification card** 診察券
- □ **welcome** 動 迎え入れる
- □ **addition** 名 追加の人
- □ **practice** 動 （専門性の高い仕事に）従事する
- □ **dentistry** 名 歯科
- □ **practice dentistry** 歯科医の仕事をする
- □ **appointment** 名 予約（「人と会う約束」の意。ホテルやレストランなどの予約はreservationを使う）
- □ **expand** 動 拡張する
- □ **accommodate** 動 対応する
- □ **the number of ～** ～の数
- □ **anticipate** 動 見込む
- □ **treat** 動 診療する
- □ **downtown** 形 中心街の
- □ **specifically** 副 具体的には
- □ **detailed** 形 詳細な
- □ **direction** 名 道順
- □ **attach** 動 添付する
- □ **keep in mind** 覚えておく
- □ **one-way** 形 一方通行の
- □ **reach** 動 達する、着く
- □ **Should you have any questions** もし質問がある場合は（If you should have any questionsのshouldが文頭に来て、Ifが省略された形）
- □ **explain** 動 説明する
- □ **facility** 名 施設、機関
- □ **announce** 動 発表する
- □ **temporary closure** 臨時休業

- □ **describe** 動 説明する
- □ **dental** 形 歯科の
- □ **procedure** 名 処置
- □ **recommend** 動 提言する
- □ **policy** 名 方針
- □ **building directory** 建物の案内板
- □ **neighborhood** 名 近隣
- □ **medical history** 病歴、医療歴
- □ **record** 名 記録
- □ **state** 動 述べる
- □ **replace** 動 後任となる
- □ **dentist** 名 歯科医師
- □ **refurbishment** 名 改修
- □ **indicate** 動 示す
- □ **operation** 名 業務
- □ **extend** 動 延長する
- □ **close to ～** ～の近くに
- □ **public transportation** 公共交通機関

問題84～87は次のEメールに関するものです。

受信者：Elise Charlton

送信者：Allison Hampton

日付：1月20日

件名：Mayview Clinic 📎

Charlton様

患者の皆様の健康と快適さに対する関与の一環として、当院で歯のお手入れをする間、皆様がもっとくつろげるより良い環境作りを常に目指しています。それを考慮して、当院はより広々とした建物へ移転します。1月28日月曜日より、新住所は、Midtown Villageの1592 Belmont Roadになります。当院は、通りを挟んだAdvantas銀行の真向かいでBestboy Burgersの隣に位置します。当院は、新品の最新鋭の機器、個室の診察室、より広い待合室を備えます。あなたの診察券は、次回当医院へお越しの際、新しい住所が入ったものに更新いたします。

当院は、新規追加のスタッフも迎え入れます。最近までBostonで歯科医の仕事をしていたClaire Yoshida歯科医師が当院で火曜日から土曜日まで、診察の予約を受け付けます。他の変更点として、移転先のより人通りの多い中心街で診察が見込まれる患者数に対応できるように、当院は診療時間も延長いたします。具体的には、患者の皆様は平日午前7時から午後9時までの間で予約診療のご来院が可能になります。

移転先への詳しい道順は、添付の地図をご覧ください。また、

Belmont Road は一方通行ですので、Rupert Avenue を北上して当院へお越しになる場合は、Belmont Road へ入るためにKerwin Street を右折しなければならないことをご留意ください。

ご質問がある場合、またはご予約を希望される場合は、当院に555-0154 までお電話ください。

敬具

Allison Hampton
看護師長
Mayview Clinic

84. Eメールの目的は何ですか。

(A) 施設における変更を説明すること
(B) 臨時休業を発表すること
(C) 歯科処置について説明すること
(D) 新しいサービス方針を提言すること

85. Hamptonさんによると、何が更新されますか。

(A) 建物の案内板
(B) 近隣の地図
(C) 病歴の記録
(D) 身分証明書

86. Yoshida歯科医師について、何が述べられていますか。

(A) Hamptonさんの後任となる。
(B) Bostonで歯科医師として働いていた。
(C) 改修を求めた。
(D) 平日のみ診察できる。

87. Mayview Clinicについて、示されていないのは何ですか。

(A) いくつかの機器が新しくなる。
(B) より人出の多い場所に移転する。
(C) 診療時間が延長される。
(D) 新しい場所は、公共交通機関の近くになる。

27

Questions 88–91 refer to the following memo. ◀27

To: Editorial staff
From: Carolyn Buckley
Date: November 5
Subject: Monday meeting

Ahead of next week's meeting on the future of *Urban Shuffle*, I want to give you some important information about the magazine's current status for you to consider over the weekend.

Jarrod White went over the publication's most recent sales figures with me last night, and the magazine is still not selling well at bookstores and newsstands. Furthermore, there were only a few new subscriptions to our print edition in October, and the total number of subscriptions was much lower last month compared to October of last year. By contrast, subscriptions to our online edition have considerably increased. In fact, in just eight months online, we have reached 900,000 readers around the world. This really surprised me, and I would not have been able to imagine that figure when our online edition was launched.

Rising printing costs and the trend of consumers shifting from print to digital media have had a big impact on our profitability. On top of these challenges is a decline in spending on print advertising. For these reasons, I am considering moving the entire magazine online. Before I make a decision, however, I would like to hear what all of you think about dropping the print edition.

In addition, Jarrod has shown me some of his recent research on our readership. His findings suggest that *Urban Shuffle* is not often read by the younger generation. In fact, over 90 percent of our subscribers are women and men over the age of 35. On Monday, I would like to hear your ideas on ways we might be able to interest younger readers in our publication.

I look forward to discussing these matters with you in detail next week.

Carolyn

88. Why was the memo sent?

    (A) To request feedback on marketing data

    (B) To prepare employees for a discussion

    (C) To inform employees about open positions

    (D) To announce changes in personnel

89. What does Ms. Buckley say surprised her?

    (A) A rate of cancellations

    (B) A percentage of book sales

    (C) The number of online readers

    (D) The cost of printing a magazine

90. According to Ms. Buckley, how has the magazine been affected?

    (A) Advertisers now prefer other magazine genres.

    (B) Fewer people are reading printed material.

    (C) A controversial article was published in July.

    (D) Illustrations are becoming increasingly expensive.

91. What does Ms. Buckley want the staff to do on Monday?

(A) Choose between two proposed magazine cover designs

(B) Create a questionnaire that will be sent to subscribers

(C) Provide suggestions on how to promote a publication

(D) Come up with interesting story ideas for a future issue

第1段落で、Ahead of next week's meeting on the future of *Urban Shuffle*, I want to give you some important information about the magazine's current status for you to consider over the weekend. (『Urban Shuffle』の将来についての来週の会議に先立ち、皆さんが週末にかけて検討できるように雑誌の現状についての重要な情報をお伝えしたいと思います) と述べ、第2段落で購読者数に関する情報を伝えている。第3段落では、デジタル媒体への完全な移行を検討中であることを伝え、Before I make a decision, however, I would like to hear what all of you think about dropping the print edition. (しかし、決定を下す前に、皆さんが印刷版の廃止についてどう思うかお聞ききしたいと思います) と述べている。さらに、第4段落では、読者層について触れ、On Monday, I would like to hear your ideas on ways we might be able to interest younger readers in our publication. (より若い読者に我々の出版物に対する興味を持たせる方法について、月曜日、皆さんの考えをお聞きしたいと思います) と述べている。これらの内容から、この連絡メモが送られた理由は、(B) To prepare employees for a discussion (従業員に話し合いの準備をさせるため) と言える。

 全体の内容を考慮して解いた方が確実ですが、第1段落を読めば、(B)が正解であろうと見当は付きます。

第2段落に、in just eight months online, we have reached 900,000 readers around the world. This really surprised me (オンライン化してからわずか8カ月で、世界中で90万人の購読者に達しました。これは私をとても驚かせました) とある。ここから、8カ月でオンライン版の購読者が90万人に達したことに驚いているとわかるので、(C) The number of online readers (オンライン購読者の数) が正解。

 surprised を手掛かりに検索すると、This really surprised me が見つかります。この This は直前の文の内容を受けているので、それが答えになります。

第3段落冒頭に、Rising printing costs and the trend of consumers shifting from print to digital media have had a big impact on our profitability. (印刷費の上昇、そして消費者の傾向が印刷媒体からデジタル媒体へ移行していることが、我々の採算性に大きな影響を与えています) とある。ここから、「印刷費の上昇」と「消費者の傾向が印刷媒体からデジタル媒体へ移行していること」がこの雑誌に影響を与えているとわかる。このうち、後者が (B) Fewer people are reading printed material. (印刷物を読む人が減っている) に対応している。

 Fewer people are reading printed material. を直訳すると、「より少ない数の人が印刷物を読んでいる」となりますが、これは「印刷物を読む人が減っている」とい

う意味になります。

第4段落の終わりに、On Monday, I would like to hear your ideas on ways we might be able to interest younger readers in our publication. (より若い読者に我々の出版物に対する興味を持たせる方法について、月曜日、皆さんの考えをお聞きしたいと思います) とある。ここから、書き手の Ms. Buckley は、月曜日の会議でスタッフに若年層を引き付ける案を出してもらいたいと思っていることがわかるので、(C) Provide suggestions on how to promote a publication (どのように出版物を宣伝するか提案を出す) が正解。

😊 出版物に興味を持たせる方法というのは、出版物の宣伝方法のことを意味するので、(C) のように言い換えることができます。

□ **editorial** 形 編集の

□ **ahead of ～** ～に先立ち

□ **current** 形 現在の

□ **status** 名 状況

□ **consider** 動 検討する

□ **go over** 調べる

□ **publication** 名 出版物

□ **recent** 形 最近の

□ **sales figure** 売上高

□ **sell well** よく売れる

□ **newsstand** 名 売店

□ **furthermore** 副 さらに

□ **subscription** 名 定期購読

□ **print** 名 印刷

□ **edition** 名 版

□ **total** 名 合計

□ **compared to ～** ～と比べて 同 compared with ～

□ **by contrast** 一方で、対照的に

□ **considerably** 副 著しく 同 significantly

□ **increase** 動 増加する

□ **in fact** 実際

□ **reach** 動 達する

□ **surprise** 動 驚かせる

□ **imagine** 動 想像する

□ **launch** 動 開始する

□ **printing cost** 印刷費

□ **trend** 名 傾向

□ **consumer** 名 消費者

□ **shift** 動 移行する

- □ **print media** 印刷媒体、印刷媒体
- □ **digital media** デジタル媒体、電子媒体
- □ **impact** 名 影響
- □ **profitability** 名 採算性
- □ **on top of ～** ～に加えて
- □ **decline** 名 落ち込み
- □ **spending** 名 支出、出費
- □ **advertising** 名 広告
- □ **entire** 形 完全な
- □ **decision** 名 決定
- □ **drop** 動 廃止する、やめる
- □ **in addition** さらに
- □ **research** 名 調査、研究
- □ **readership** 名 読者層
- □ **findings** 名 調査結果、研究結果
- □ **suggest** 動 示す
- □ **generation** 名 世代
- □ **subscriber** 名 定期購読者
- □ **interest** 動 興味を持たせる
- □ **look forward to -ing** ～することを楽しみにしている
- □ **discuss** 動 話し合う
- □ **matter** 名 件
- □ **in detail** 詳細に
- □ **request** 動 求める
- □ **feedback** 名 意見
- □ **prepare〈人〉for ～** 〈人〉に～の準備をさせる
- □ **employee** 名 従業員
- □ **discussion** 名 話し合い
- □ **inform** 動 知らせる 同 notify

- □ **open position** 職の空き
- □ **announce** 動 発表する
- □ **personnel** 名 人事
- □ **rate** 名 比率
- □ **cancellation** 名 キャンセル
- □ **percentage** 名 割合、パーセンテージ
- □ **the number of ～** ～の数
- □ **affect** 動 影響を与える
- □ **advertiser** 名 広告主
- □ **prefer** 動 好む
- □ **genre** 名 ジャンル、分野、部門 (発音は[US] ʒánrə [UK] ʒáːnrə)
- □ **printed material** 印刷物
- □ **controversial** 形 物議を醸す
- □ **article** 名 記事
- □ **illustration** 名 イラスト、挿絵
- □ **increasingly** 副 ますます
- □ **expensive** 形 高価な
- □ **propose** 動 提案する
- □ **cover** 名 表紙
- □ **create** 動 作る
- □ **questionnaire** 名 アンケート
- □ **provide** 動 出す
- □ **suggestion** 名 提案
- □ **promote** 動 宣伝する
- □ **come up with ～** ～を考え出す
- □ **issue** 名 (雑誌の) 号

問題88〜91は次の連絡メモに関するものです。

受信者：編集スタッフ
送信者：Carolyn Buckley
日付：11月5日
件名：月曜日の会議

『Urban Shuffle』の将来についての来週の会議に先立ち、皆さんが週末にかけて検討できるように雑誌の現状についての重要な情報をお伝えしたいと思います。

昨晩、Jarrod White が私と一緒に直近の出版物の売上高を調べましたが、この雑誌は書店と売店で未だに売れ行きがよくありません。さらに、10月の新規印刷版購読はほんのわずかで、先月の総定期購読数は昨年10月と比べると大幅に下がっています。一方で、オンライン版の定期購読は著しく増加しました。実際、オンライン化してからわずか8カ月で、世界中で90万人の購読者に達しました。これは私をとても驚かせました。オンライン版を開始したとき、その数字を想像することすらできませんでした。

印刷費の上昇、そして消費者の傾向が印刷媒体からデジタル媒体へ移行していることが、我々の採算性に大きな影響を与えています。これらの課題に加えて、出版広告への出費の減少があります。これらの理由により、私はこの雑誌をすべてオンライン化することを考えています。しかし、決定を下す前に、皆さんが印刷版の廃止についてどう思うかお聞ききしたいと思います。

さらに、Jarrod は我々の読者層に関する彼の最近の調査も見せてくれました。調査結果は、『Urban Shuffle』は若い世代にあ

まり読まれていないことを示しています。実際、定期購読者の90%以上が35歳以上の男女です。より若い読者に我々の出版物に対する興味を持たせる方法について、月曜日、皆さんの考えをお聞きしたいと思います。

来週皆さんと上記の件について詳細に話し合えることを楽しみにしています。

Carolyn

88. 連絡メモはなぜ送られたのですか。

(A) マーケティングデータに対する意見を求めるため
(B) 従業員に話し合いの準備をさせるため
(C) 従業員に職の空きに関して知らせるため
(D) 人事に関する変更を発表するため

89. Buckleyさんは何が彼女を驚かせたと言っていますか。

(A) キャンセル率
(B) 本の売上の割合
(C) オンライン購読者の数
(D) 雑誌の印刷費用

90. Buckleyさんによると、雑誌はどのようなことに影響を受けていますか。

(A) 広告主は、今では他の雑誌ジャンルを好む。
(B) 印刷物を読む人が減っている。
(C) 7月に物議を醸す記事が発表された。
(D) イラストがますます高価になってきている。

91. Buckleyさんは月曜日にスタッフが何をすることを望んでいますか。

(A) 提案されている2つの雑誌の表紙デザインのどちらかを選ぶ

(B) 定期購読者に送るアンケートを作る

(C) どのように出版物を宣伝するか提案を出す

(D) 今後の号に向けて面白い話のアイデアを考え出す

28

Questions 92–95 refer to the following e-mail. 🔊 28

To: Anne Mitcham
From: Lewis Harvey
Date: May 27
Subject: Trip to Seychelles

Dear Ms. Mitcham:

We have received payment for your round-trip flights in July and changed the reservation at the Sunset Towers, as per your request. You are now booked at the hotel for three nights instead of five. — [1] —. We have also arranged transportation between the islands of Praslin and La Digue. Thank you for informing us that you will be staying with a friend on La Digue until the end of the trip and therefore do not require hotel accommodations after July 21. — [2] —.

In the next few days, you will receive a complete itinerary as well as a Seychelles travel guide by mail. Also, with your nine-digit customer number, you can log onto the customer portal of our Web site to find detailed information about your flights, weather forecasts for your destination, currency exchange rates, as well as suggestions on where to eat and what to see. — [3] —. In addition, we have attached a Pre-Travel Checklist, which we send to customers to help them pack and prepare for trips.

Finally, when you last visited our office, you mentioned plans to attend a conference in Seychelles. I imagine that you will be quite busy, but if you have some free time, I recommend seeing some of the sights on La Digue. — [4] —. While I was visiting the island last year, I particularly enjoyed the Bayston Marine Park, where you will be able to spot many of the colorful birds for which the island is famous.

If you have any questions, please stop by or give us a call.

Best regards,

Lewis Harvey
Round-Clock Travel

92. What is suggested about Ms. Mitcham?

(A) She will visit two islands.

(B) She will pack two suitcases.

(C) She will be meeting her clients.

(D) She will be flying with a friend.

93. What can customers find on Round-Clock Travel's Web site?

(A) Information about insurance options

(B) Dining recommendations

(C) A conference schedule

(D) A list of car rental agencies

94. Where does Mr. Harvey suggest that Ms. Mitcham visit?

(A) A golf course

(B) A marine park

(C) An ancient temple

(D) An open-air market

95. In which of the positions marked [1], [2], [3], and [4] does the following sentence best belong?

"These are all updated on a regular basis."

(A) [1]

(B) [2]

(C) [3]

(D) [4]

第1段落に、We have also arranged transportation between the islands of Praslin and La Digue. (また、Praslin島とLa Digue島の間の移動手段も手配いたしました) とある。ここから、このEメールの受信者であるMs. Mitchamが Praslin島とLa Digue島の2島を訪れることになっているとわかるので、(A) She will visit two islands. (2つの島を訪れる) が正解。

 suggestは「示唆する」という意味です。ここでもはっきり「2島訪れる」とは書かれていませんが、the islands of Praslin and La Digue (Praslin島とLa Digue島) から、2島であるとわかります。

Round-Clock Travelという社名は、このEメールの最後に書き手のLewis Harveyの名前の下に書かれているので、これは彼が勤務する旅行代理店の名前である。顧客がウェブサイトで見つけられる情報に関しては、第2段落に、Also, with your nine-digit customer number, you can log onto the customer portal of our Web site to find detailed information about your flights, weather forecasts for your destination, currency exchange rates, as well as suggestions on where to eat and what to see. (また、9桁のお客様番号を使って、弊社ウェブサイトのお客様ポータルにログインすることができ、あなたの航空便の詳細情報、目的地の天気予報、為替レートに加え、どこで食事をして何を見た

らよいかという提案もご覧いただけます）とある。このうち、suggestions on where to eat（どこで食事をしたらよいかという提案）が(B) Dining recommendations（食事のお薦め）に対応している。

 dine は「食事をする」という意味の動詞で、そこから派生した dining は「食事」の意味になります。

94. 正解 (B)

第3段落で、Eメールの書き手のMr. HarveyはMs. Mitchamに、自由な時間があったらLa Digue島の名所に行くことを勧め、While I was visiting the island last year, I particularly enjoyed the Bayston Marine Park, where you will be able to spot many of the colorful birds for which the island is famous.（私は、昨年その島を訪問した際、その島を有名にしている色鮮やかな鳥をたくさん見つけることができるBayston海上公園を特に楽しみました）と述べている。これは、Bayston海上公園に行くことを勧めていることになるので、(B)が正解。

 リスニングのPart 2でもよくある、「私はそこを特に楽しみました」→「いい所なので、行くといいですよ」という間接的な提案です。

These（それら）は、複数の物を受ける。また、are all updated on a regular basis.（すべて定期的に更新されます）ということから、それらは定期更新の対象になり得る。この条件からウェブサイト上の情報であると推測でき、ウェブサイトに関して述べている第2段落の [3] に入れると、These が直前の文の detailed information about your flights（あなたの航空便の詳細情報）、weather forecasts for your destination（目的地の天気予報）、currency exchange rates（為替レート）、suggestions on where to eat and what to see（どこで食事をして何を見たらよいかという提案）を受ける形になり、これらは、定期更新の対象になるので、上手く繋がる。

 文法的には These、意味的には updated がフックになります。

□ **payment** 名 支払い

□ **round-trip** 形 往復の

□ **reservation** 名 予約

□ **as per 〜** 〜の通り

□ **book** 動 予約する 同 reserve

□ **instead of 〜** 〜ではなく、〜の代わりに

□ **arrange** 動 手配する

□ **transportation** 名 移動手段、交通手段

□ **inform** 動 知らせる 同 notify

□ **stay with 〜** 〜の家に滞在する

□ **therefore** 副 よって

□ **require** 動 必要とする

□ **accommodation** 名 宿泊施設

□ **complete** 形 完全な

□ **itinerary** 名 旅程

□ **by mail** 郵送で

□ **nine-digit** 形 9桁の

□ **log onto** (ウェブサイトに)ログインする

□ **portal** 名 ポータル (サイトの入り口ページ)

□ **detailed** 形 詳細な

□ **weather forecast** 天気予報

□ **destination** 名 目的地

□ **currency exchange** 外貨両替

□ **rate** 名 レート、率

□ **suggestion** 名 提案

□ **in addition** さらに

□ **attach** 動 添付する

□ **pack** 動 荷造りする、詰める

□ **finally** 副 最後に

- □ **mention** 動 言う
- □ **attend** 動 出席する、参加する
- □ **conference** 名 会議、大会、学会
- □ **imagine** 動 想像する
- □ **recommend** 動 勧める
- □ **sight** 名 名所
- □ **particularly** 副 特に
- □ **spot** 動 見つける
- □ **stop by** 立ち寄る
- □ **suggest** 動 示唆する、提案する
- □ **insurance option** 保険特約（主契約に追加で付けるオプションの契約）
- □ **dining** 名 食事
- □ **recommendation** 名 推薦、お薦めの場所・物
- □ **agency** 名 代理店
- □ **ancient** 形 古代の
- □ **temple** 名 寺院
- □ **open-air** 形 屋外の
- □ **update** 動 更新する
- □ **on a regular basis** 定期的に

問題92〜95は次のEメールに関するものです。

受信者：Anne Mitcham
送信者：Lewis Harvey
日付：5月27日
件名：Seychelles への旅

Mitcham 様

弊社は、あなたの7月の往復航空便のお支払いを受領し、ご要望通り Sunset Towers でのご予約を変更いたしました。あなたは現在、そのホテルで5泊ではなく3泊のご予約になっております。また、Praslin 島と La Digue 島の間の移動手段も手配いたしました。La Digue 島のご友人宅で旅行の終わりまでお泊まりになるので、7月21日以降、ホテルの宿泊は必要ないことをお伝えいただき、ありがとうございます。

数日中に完全な旅行日程と Seychelles の旅行ガイドがあなたの元へ郵送で届きます。また、9桁のお客様番号を使って、弊社ウェブサイトのお客様ポータルにログインすることができ、あなたの航空便の詳細情報、目的地の天気予報、為替レートに加え、どこで食事をして何を見たらよいかという提案もご覧いただけます。それらはすべて定期的に更新されます。さらに、お客様の荷造りと旅の準備をお手伝いするためにお送りしている旅行前チェックリストを添付いたしました。

最後になりますが、あなたが前回弊社オフィスにお越しになった際、Seychelles で会議に出席する予定があると仰っていました。かなりお忙しくなることと想像いたしますが、もし自由な

時間がありましたら、La Digue島の名所をご見学なさることを
お勧めいたします。私は、昨年その島を訪問した際、その島を
有名にしている色鮮やかな鳥をたくさん見つけることができる
Bayston海上公園を特に楽しみました。

もしご質問があれば、お立ち寄りまたはお電話ください。

敬具

Lewis Harvey
Round-Clock Travel

92. Mitcham さんについて、何が示唆されていますか。

 (A) 2つの島を訪れる。
 (B) 2つのスーツケースを詰める。
 (C) 顧客に会う。
 (D) 友人と飛行機に乗る。

93. 顧客は Round-Clock Travel のウェブサイト上で何を見つけられますか。

 (A) 保険特約に関する情報
 (B) 食事のお薦め
 (C) 会議スケジュール
 (D) レンタカー代理店のリスト

94. Harvey さんは Mitcham さんにどこを訪れるように提案していますか。

 (A) ゴルフコース
 (B) 海上公園
 (C) 古代寺院
 (D) 屋外の市場

95. [1]、[2]、[3]、[4]と記載された箇所のうち、次の文が入るのに最もふさわしいのはどれですか。

 「それらはすべて定期的に更新されます」

 (A) [1]
 (B) [2]
 (C) [3]
 (D) [4]

29

Questions 96–99 refer to the following e-mail. ◀ 29

	E-Mail Message
To:	Evan Howard
From:	Donna Smith
Date:	July 16
Subject:	Welcome to the team

Hello Mr. Howard,

Welcome to the Hansons & Hutchins sales team! We are looking forward to working with you and will do all that we can to prepare you for your future at the company.

I have arranged for you to meet with Tim Bennett on your first day next week. Tim works in our personnel department and will be showing you around the head office while introducing you to your new colleagues. He will also answer any questions about our day-to-day operations and your responsibilities.

As you know, we are one of the largest footwear companies in North America. Our products are sold at stores and through e-commerce channels. Some of our best-known brands are Jallies, Parizeau, and L&L. To show pride in our products and also to promote them, sales division employees are encouraged to wear our shoes when meeting with retailers. For that reason, all staff in your department are given a seventy-five percent discount on our brands with the exception of the Turken lineup of shoes, which are custom designed.

Tim will show you our products next week. Hansons & Hutchins staff must be highly knowledgeable about all of our merchandise, so you will be expected to understand everything about the high-quality materials of our footwear and how each shoe is designed. I suggest memorizing the names and prices of items in our catalog and sitting down with some of our designers to learn more about what we offer.

See you on Monday.

Donna Smith

96. What is Mr. Howard's new job?

(A) Human resources director

(B) Footwear designer

(C) Retail store manager

(D) Sales representative

97. According to Ms. Smith, what will happen next week?

(A) Some customer orders will be shipped.

(B) An e-commerce platform will be launched.

(C) Mr. Howard will meet some coworkers.

(D) Mr. Howard will visit a branch office.

98. What is mentioned as a benefit of Mr. Howard's job?

(A) A two-week paid training program

(B) A generous benefit package

(C) A flexible work schedule on certain days

(D) A price reduction on company products

99. What is Mr. Howard encouraged to do?

(A) Assist with updating a catalog

(B) Memorize store names

(C) Learn about various products

(D) Offer his opinions on new designs

第1段落冒頭に、Welcome to the Hansons & Hutchins sales team!（Hansons & Hutchins の営業チームへようこそ）とあり、第3段落に、To show pride in our products and also to promote them, sales division employees are encouraged to wear our shoes when meeting with retailers. For that reason, all staff in your department are given a seventy-five percent discount on our brands（当社製品への誇りを表し、かつ宣伝するため、営業部員は小売業者に会う際、当社の靴を履くことが奨励されています。このため、あなたの部署の全スタッフに、当社ブランドの75% 引きを提供しています）とある。また、第4段落で商品について詳しく知っておく必要があることが伝えられている。これからのことから、彼の新しい仕事は(D) Sales representative（営業担当者）であるとわかる。

 冒頭の Welcome to the Hansons & Hutchins sales team! から営業担当者であることがほぼ決まりますが、後続部分の内容を考慮することでより確実になります。

第2段落に、I have arranged for you to meet with Tim Bennett on your first day next week. Tim works in our personnel department and will be showing you around the head office while introducing you to your new colleagues.（来週、初日にあなたが Tim Bennett に会うように手配しました。Tim は人事部に勤務しており、あなたを新

しい同僚に紹介しながら、本社を案内します）とある。ここから、メールの受信者であるMr. Howardの勤務が来週から始まり、初日に同僚に紹介してもらうことになっているとわかるので、(C) Mr. Howard will meet some coworkers.（Howardさんが何人かの同僚に会う）が正解。

 「同僚に紹介する」というのは、同僚に会うことになるので、このような言い換えが可能です。colleague/coworkerの言い換えは、TOEICの定番です。

98. 正解 (D)

第3段落に、all staff in your department are given a seventy-five percent discount on our brands（あなたの部署の全スタッフに当社ブランドの75% 引きを提供しています）とある。これがMr. Howardの仕事の恩恵にあたるので、(D) A price reduction on company products（会社の製品に対する値引き）が正解。

 benefitは、ここでは「恩恵（メリット）」という意味でしたが、複数形のbenefitsで会社が従業員に与える福利厚生の意味にもなります。求人広告等で使われるので、覚えておきましょう。

99. 正解 (C)

第4段落に、I suggest memorizing the names and prices of items in our catalog and sitting down with some of our designers to learn more about what we offer. （カタログにある商品の名前と価格を覚えて、当社が提供しているも

のについてさらに学ぶため、当社のデザイナーと話をすることをお勧めします）とある。これが、書き手のMs. Smithが Mr. Howardにやるように勧めている事柄で、選択肢中、(C) Learn about various products（多様な製品について学ぶ）が対応している。

 Mr. Howardが名前を覚えるよう勧められているのは商品名です。店名ではありません。「営業担当者なら店名ぐらい覚えるべきだろう」と思い込み、names以降の部分をしっかり読まないとケアレスミスにつながります。本試験でも、答えにつながる部分の情報は最後までしっかり目を通しましょう。

□ **welcome to ～** ～へようこそ

□ **look forward to -ing** ～するのを楽しみにしている

□ **do all that we can to ～** ～するのにできる限りのことをする

□ **prepare 〈人〉for ～** 〈人〉に～に対して備えさせる

□ **arrange** 動 手配する

□ **personnel department** 人事部 同 human resources department

□ **show 〈人〉around ～** 〈人〉に～の案内をする

□ **introduce** 動 紹介する

□ **colleague** 名 同僚 同 coworker

□ **day-to-day** 形 日々の

□ **operation** 名 業務

□ **responsibility** 名 職務、責任

□ **footwear** 名 はき物、靴

□ **e-commerce** 名 電子商取引、インターネット上の通信販売

□ **channel** 名 (商品の) 流通経路

□ **pride** 名 誇り

□ **promote** 動 宣伝する 同 advertise

□ **division** 名 部署 同 department

□ **employee** 名 従業員

□ **encourage** 動 勧める

□ **retailer** 名 小売店 反 wholesaler 問屋、卸売業者

□ **for that reason** そのため、それが理由で

□ **with the exception of ～** ～を除き

□ **be custom designed** 特注でデザインされている

□ **highly** 副 高度に

□ **knowledgeable** 形 知識がある

□ **highly knowledgeable** 熟知している

- □ **merchandise** 名 商品 同 goods, product, item
- □ **expect** 動 期待する
- □ **high-quality** 形 高品質の
- □ **material** 名 素材
- □ **suggest** 動 勧める
- □ **memorize** 動 暗記する
- □ **item** 名 商品 同 goods, product, merchandise
- □ **sit down with ～** ～と（一緒に座って）話をする
- □ **human resources** 人事 同 personnel
- □ **director** 名 取締役
- □ **human resources director** 取締役人事部長
- □ **sales representative** 営業担当者
- □ **ship** 動 発送する 同 send
- □ **launch** 動 開始する
- □ **coworker** 名 同僚 同 colleague
- □ **branch** 名 支社、支店
- □ **mention** 動 述べる
- □ **benefit** 名 恩恵
- □ **paid** 形 有給の
- □ **generous** 形 （手当などが）手厚い
- □ **benefit package** 福利厚生
- □ **flexible** 形 柔軟な
- □ **certain** 形 特定の
- □ **reduction** 名 値引き
- □ **assist** 動 助ける
- □ **update** 動 更新する
- □ **various** 形 様々な
- □ **offer** 動 出す
- □ **opinion** 名 意見

問題96〜99は次のEメールに関するものです。

受信者：Evan Howard
送信者：Donna Smith
日付：7月16日
件名：チームへようこそ

こんにちは、Howard さん

Hansons & Hutchins の営業チームへようこそ！ 我々はあなたと一緒に働くことを楽しみにしており、あなたが当社での今後に備えられるようにできる限りのことをいたします。

来週、初日にあなたが Tim Bennett に会うように手配しました。Tim は人事部に勤務しており、あなたを新しい同僚に紹介しながら、本社を案内します。また、彼はあなたの日常業務および職務に関する質問にも答えます。

ご存じの通り、当社は北米で最大の靴会社の1つです。当社製品は、店舗とインターネット上の販売経路で売られています。当社の有名なブランドとしては、Jallies、Parizeau、L&L などがあります。当社製品への誇りを表し、かつ宣伝するため、営業部員は小売業者に会う際、当社の靴を履くことが奨励されています。このため、あなたの部署の全スタッフに、特注でデザインされている Turken ラインアップの靴を除き、当社ブランドの75%引きを提供しています。

Tim は、来週あなたに当社製品を見せます。Hansons & Hutchins のスタッフは、当社の全商品について熟知していなくてはならな

いので、あなたは当社の靴の高品質素材とそれぞれの靴がどのようにデザインされているかのすべてについて理解することが期待されています。カタログにある商品の名前と価格を覚えて、当社が提供しているものについてさらに学ぶため、当社のデザイナーと話をすることをお勧めします。

月曜日にお会いしましょう。

Donna Smith

96. Howard さんの新しい仕事は何ですか。

   (A) 取締役人事部長
   (B) 靴のデザイナー
   (C) 小売店のマネージャー
   (D) 営業担当者

97. Smith さんによると、来週何が起こりますか。

   (A) いくつかの顧客の注文が発送される。
   (B) インターネット販売のプラットフォームが開始される。
   (C) Howard さんが何人かの同僚に会う。
   (D) Howard さんが支社を訪れる。

98. Howard さんの仕事の恩恵として、述べられているものは何ですか。

   (A) 2週間の有給研修プログラム
   (B) 手厚い福利厚生
   (C) 特定日における柔軟な勤務スケジュール
   (D) 会社の製品に対する値引き

99. Howard さんは何をするよう勧められていますか。

   (A) カタログの更新を手伝う
   (B) 店名を覚える
   (C) 多様な製品について学ぶ
   (D) 新しいデザインに対する意見を出す

30

Questions 100–103 refer to the following letter. ◀ 30

---

20 January

Amy Giles
Creations Studio
394 Burberry Street,
Canberra ACT 2600, Australia

Dear Ms. Giles:

Sabhya Cosmeceutical is conducting a feedback survey in Australia. Our objective is to learn more about consumer perceptions of our company and products. —[1]—. According to our records, your salon has received several orders of our shampoo and hair treatments over the past year. We would really appreciate a few minutes of your time to fill out the enclosed product questionnaire.

As a token of our appreciation for filling out the questionnaire, we will send you a complimentary Sabhya 50th Anniversary fountain pen and accompanying notepad, which were made to commemorate our anniversary this year. —[2]—. We will also send you samples of a variety of our skin creams that you can share with your customers. On top of that, we will enter you in a drawing for a chance to win a $100 Sabhya gift voucher. To be eligible for these giveaways,

---

please fill out and send the form back to us in the postage-paid return envelope no later than 15 February. —[3]—.

If you have any comments about the questionnaire itself or about Sabhya Cosmeceutical, we would be happy to hear from you. —[4]—. Call any time at 555-0166 or send an e-mail to customerservice@sabhya.com.

Thank you very much for your time and consideration.

Harry Fletcher

Harry Fletcher
Customer Service Director
Sabhya Cosmeceutical

100. Why was the letter sent to Ms. Giles?

(A) To inform her about the status of an order

(B) To respond to questions about a product

(C) To solicit information about a business

(D) To invite her to an anniversary celebration

101. What is Sabhya Cosmeceutical offering Ms. Giles for free?

(A) Hair treatments

(B) Stationery items

(C) Fabric samples

(D) Cosmetic classes

102. How can Ms. Giles enter a drawing to win a prize?

(A) By consenting to terms and conditions listed on a Web site

(B) By submitting a document before a particular date

(C) By participating in a customer focus group meeting

(D) By sending an e-mail to a customer service director

103. In which of the positions marked [1], [2], [3], and [4] does the following sentence best belong?

"Our customer service department is open around the clock."

(A) [1]

(B) [2]

(C) [3]

(D) [4]

第1段落冒頭に、Sabhya Cosmeceutical is conducting a feedback survey in Australia. Our objective is to learn more about consumer perceptions of our company and products. (Sabhya Cosmeceuticalは、Australiaでフィードバック調査を行っています。我々の目的は、弊社と弊社製品に対する消費者の認識についてもっとよく知ることです) とあり、同段落の終わりに We would really appreciate a few minutes of your time to fill out the enclosed product questionnaire. (同封の製品アンケートのご記入に数分お時間をいただけましたら、大変ありがたく存じます) とある。ここから、化粧品会社が、自社及び自社製品に対する消費者の認識を調べる調査を行っていて、この手紙はそのアンケート調査への協力を依頼するために送られていることがわかるので、(C) To solicit information about a business (会社に関する情報を求めるため) が正解。

 正解の選択肢の動詞solicit (求める) は、難易度の高い単語ですが重要語です。お金や助け、情報等を求める、という意味のフォーマルな単語です。solicit donations (寄付を求める) やsolicit funding (資金提供を求める) といった形でも出るので覚えましょう。

Sabhya Cosmeceutical が Ms. Giles へ無料で提供することを申し出ている物は、第2段落に挙げられていて、万年筆、メモ帳、スキンクリームの試供品、ギフト券が当たる抽選へ

のエントリーの4つである。このうち、万年筆とメモ帳が(B) Stationery items（文房具）に当たる。

「万年筆」と「メモ帳」という具体性の高い語が、選択肢では「文房具」という広い範囲をカバーする語に言い換えられています。TOEICの言い換えでよくあるパターンです。

102. 正解 (B)

賞が当たる抽選へのエントリーは、アンケート調査に協力したことに対する謝礼の1つである。第2段落で謝礼として贈られる物が挙げられた後、To be eligible for these giveaways, please fill out and send the form back to us in the postage-paid return envelope no later than 15 February. （これらの景品の対象になるため、用紙にご記入いただき、2月15日までに郵便料金払い済みの返信用封筒に入れてご返送ください）と伝えている。記入済みアンケート用紙の返送締切日が指定されているので、(B) By submitting a document before a particular date（特定の日より前に書類を提出することによって）が正解。

drawingは、「スケッチ、図面」といった意味以外に、「（景品等が当たる）抽選」の意味でパート7に頻出します。TOEICの世界では、イベントが盛んに開催され、抽選会もよく行われるので、頭に入れましょう。

Our customer service department is open around the clock. (弊社顧客サービス部は、24時間開いています) の open around the clock (24時間開いています) が [4] の直後の文、Call any time at 555-0166, or send an e-mail to customerservice@sabhya.com. (いつでも、555-0166までお電話いただくか、またはcustomerservice@sabhya.comまでEメールをお送りください) のany time (いつでも) と呼応する。よって、挿入文は [4] に入れると上手く繋がる。

open around the clock (24時間開いている) とany time (いつでも) がフックです。24時間休みなく開いているので、いつでも遠慮なく電話してください、という流れになります。

□ **cosmeceutical** 名 薬用化粧品 (cosmetic「美容のための」+ pharmaceutical「薬剤」の造語)

□ **conduct** 動 行う 同 carry out

□ **survey** 名 調査 同 study, research

□ **objective** 名 目的 同 purpose, aim

□ **consumer** 名 消費者

□ **perception** 名 認識

□ **according to** 〜 〜によると

□ **record** 名 記録

□ **salon** 名 美容室

□ **over the past year** この1年間に

□ **appreciate** 動 感謝する

□ **fill out** 記入する 同 complete

□ **enclosed** 形 同封された

□ **questionnaire** 名 アンケート

□ **token** 名 印

□ **as a token of** 〜 〜の印として

□ **appreciation** 名 感謝

□ **complimentary** 形 無料の

□ **anniversary** 名 〜周年、記念日、記念祭

□ **fountain pen** 万年筆

□ **accompanying** 形 付属の

□ **notepad** 名 (はぎ取り式の) メモ帳

□ **commemorate** 動 記念する、祝う

□ **a variety of** 〜 様々な〜

□ **share** 動 共有する

□ **on top of that** それに加えて

□ **enter** 動 (人を) エントリーする

□ **drawing** 名 抽選

□ **win** 動 （賞品が）当たる

□ **gift voucher** ギフト券

□ **eligible for ～** ～の対象になる

□ **giveaway** 名 景品

□ **postage-paid** 形 郵便料金支払い済みの

□ **return envelope** 返信用封筒

□ **no later than ～** ～までに

□ **consideration** 名 検討

□ **customer service** 顧客サービス

□ **director** 名 取締役

□ **inform** 動 知らせる 同 notify

□ **status** 名 状況

□ **respond** 動 答える

□ **solicit** 動 求める

□ **business** 名 会社

□ **invite** 動 招待する

□ **celebration** 名 祝賀会

□ **offer** 動 提供することを申し出る

□ **stationery** 名 文房具

□ **item** 名 品物

□ **fabric** 名 織物

□ **cosmetic** 形 美容のための

□ **prize** 名 賞

□ **consent** 動 承諾する

□ **terms and conditions** 利用規約、契約条件

□ **list** 動 載せる

□ **document** 名 書類

□ **particular** 形 特定の

□ **participate in ～** ～に参加する 同 take part in ～

□ **focus group** フォーカスグループ（商品開発に反映させる目的であるテーマについて討議してもらうために集められた消費者のグループ）

□ **department** 名 部

□ **open around the clock** 24時間開いている

問題100〜103は次の手紙に関するものです。

1月20日

Amy Giles
Creations Studio
394 Burberry Street,
Canberra ACT 2600, Australia

Giles様

Sabhya Cosmeceutical は、Australia でフィードバック調査を行っています。我々の目的は、弊社と弊社製品に対する消費者の認識についてもっとよく知ることです。弊社の記録によりますと、あなたの美容室は、この1年間に弊社のシャンプーとヘアトリートメントの注文品数個を受け取っています。同封の製品アンケートのご記入に数分お時間をいただけましたら、大変ありがたく存じます。

アンケートご記入への感謝の印として、今年、Sabhyaの創立50周年を記念して作った非売品の万年筆と付属のメモ帳を進呈いたします。また、貴店のお客様とご共有していただける様々な弊社スキンクリームの試供品もお送りいたします。それに加えて、貴店を100ドルのSabhyaギフト券が当たる抽選にエントリーいたします。これらの景品の対象になるため、用紙にご記入いただき、2月15日までに郵便料金払い済みの返信用封筒に入れてご返送ください。

もしアンケート自体に関して、またはSabhya Cosmeceuticalに関して、ご意見がございましたら喜んでお伺いいたします。弊社顧客サービス部は、24時間開いています。いつでも、555-0166までお電話いただくか、またはcustomerservice@sabhya.comまでEメールをお送りください。

お時間とご検討に深く感謝いたします。

Harry Fletcher
顧客サービス部長
Sabhya Cosmeceutical

100. 手紙はなぜGilesさんに送られたのですか。

    (A) 注文品の状況について知らせるため
    (B) 製品に関する質問に答えるため
    (C) 会社に関する情報を求めるため
    (D) 創立記念式典に招待するため

101. Sabhya Cosmeceuticalは、Gilesさんに何を無料で提供することを申し出ていますか。

    (A) ヘアトリートメント
    (B) 文房具
    (C) 織物の試供品
    (D) 美容のためのクラス

102. Giles さんはどのようにして賞が当たる抽選にエントリーできますか。

    (A) ウェブサイトに載っている利用規約を承諾することによって
    (B) 特定の日より前に書類を提出することによって
    (C) 消費者フォーカスグループの会合に参加することによって
    (D) 顧客サービス部長にEメールを送ることによって

103. [1]、[2]、[3]、[4] と記載された箇所のうち、次の文が入るのに最もふさわしいのはどれですか。

    「弊社顧客サービス部は、24時間開いています」

    (A) [1]
    (B) [2]
    (C) [3]
    (D) [4]

キリトリキ ✂

TOEIC® L&R TEST 読解特急4 ビジネス文書編 解答用紙

READING SECTION

No.	ANSWER	No.	ANSWER	No.	ANSWER	No.	ANSWER	No.	ANSWER
	A B C D		A B C D		A B C D		A B C D		A B C D
1	Ⓐ Ⓑ Ⓒ Ⓓ	10	Ⓐ Ⓑ Ⓒ Ⓓ	19	Ⓐ Ⓑ Ⓒ Ⓓ	28	Ⓐ Ⓑ Ⓒ Ⓓ	37	Ⓐ Ⓑ Ⓒ Ⓓ	46	Ⓐ Ⓑ Ⓒ Ⓓ
2	Ⓐ Ⓑ Ⓒ Ⓓ	11	Ⓐ Ⓑ Ⓒ Ⓓ	20	Ⓐ Ⓑ Ⓒ Ⓓ	29	Ⓐ Ⓑ Ⓒ Ⓓ	38	Ⓐ Ⓑ Ⓒ Ⓓ	47	Ⓐ Ⓑ Ⓒ Ⓓ
3	Ⓐ Ⓑ Ⓒ Ⓓ	12	Ⓐ Ⓑ Ⓒ Ⓓ	21	Ⓐ Ⓑ Ⓒ Ⓓ	30	Ⓐ Ⓑ Ⓒ Ⓓ	39	Ⓐ Ⓑ Ⓒ Ⓓ	48	Ⓐ Ⓑ Ⓒ Ⓓ
4	Ⓐ Ⓑ Ⓒ Ⓓ	13	Ⓐ Ⓑ Ⓒ Ⓓ	22	Ⓐ Ⓑ Ⓒ Ⓓ	31	Ⓐ Ⓑ Ⓒ Ⓓ	40	Ⓐ Ⓑ Ⓒ Ⓓ	49	Ⓐ Ⓑ Ⓒ Ⓓ
5	Ⓐ Ⓑ Ⓒ Ⓓ	14	Ⓐ Ⓑ Ⓒ Ⓓ	23	Ⓐ Ⓑ Ⓒ Ⓓ	32	Ⓐ Ⓑ Ⓒ Ⓓ	41	Ⓐ Ⓑ Ⓒ Ⓓ	50	Ⓐ Ⓑ Ⓒ Ⓓ
6	Ⓐ Ⓑ Ⓒ Ⓓ	15	Ⓐ Ⓑ Ⓒ Ⓓ	24	Ⓐ Ⓑ Ⓒ Ⓓ	33	Ⓐ Ⓑ Ⓒ Ⓓ	42	Ⓐ Ⓑ Ⓒ Ⓓ	51	Ⓐ Ⓑ Ⓒ Ⓓ
7	Ⓐ Ⓑ Ⓒ Ⓓ	16	Ⓐ Ⓑ Ⓒ Ⓓ	25	Ⓐ Ⓑ Ⓒ Ⓓ	34	Ⓐ Ⓑ Ⓒ Ⓓ	43	Ⓐ Ⓑ Ⓒ Ⓓ	52	Ⓐ Ⓑ Ⓒ Ⓓ
8	Ⓐ Ⓑ Ⓒ Ⓓ	17	Ⓐ Ⓑ Ⓒ Ⓓ	26	Ⓐ Ⓑ Ⓒ Ⓓ	35	Ⓐ Ⓑ Ⓒ Ⓓ	44	Ⓐ Ⓑ Ⓒ Ⓓ	53	Ⓐ Ⓑ Ⓒ Ⓓ
9	Ⓐ Ⓑ Ⓒ Ⓓ	18	Ⓐ Ⓑ Ⓒ Ⓓ	27	Ⓐ Ⓑ Ⓒ Ⓓ	36	Ⓐ Ⓑ Ⓒ Ⓓ	45	Ⓐ Ⓑ Ⓒ Ⓓ	54	Ⓐ Ⓑ Ⓒ Ⓓ
										55	Ⓐ Ⓑ Ⓒ Ⓓ

TOEIC® L&R TEST 読解特急4 ビジネス文書編 解答用紙

READING SECTION

No.	ANSWER				No.	ANSWER				No.	ANSWER				No.	ANSWER				No.	ANSWER				No.	ANSWER			
---	A	B	C	D	---	A	B	C	D	---	A	B	C	D	---	A	B	C	D	---	A	B	C	D	---	A	B	C	D
56	Ⓐ	Ⓑ	Ⓒ	Ⓓ	64	Ⓐ	Ⓑ	Ⓒ	Ⓓ	72	Ⓐ	Ⓑ	Ⓒ	Ⓓ	80	Ⓐ	Ⓑ	Ⓒ	Ⓓ	88	Ⓐ	Ⓑ	Ⓒ	Ⓓ	96	Ⓐ	Ⓑ	Ⓒ	Ⓓ
57	Ⓐ	Ⓑ	Ⓒ	Ⓓ	65	Ⓐ	Ⓑ	Ⓒ	Ⓓ	73	Ⓐ	Ⓑ	Ⓒ	Ⓓ	81	Ⓐ	Ⓑ	Ⓒ	Ⓓ	89	Ⓐ	Ⓑ	Ⓒ	Ⓓ	97	Ⓐ	Ⓑ	Ⓒ	Ⓓ
58	Ⓐ	Ⓑ	Ⓒ	Ⓓ	66	Ⓐ	Ⓑ	Ⓒ	Ⓓ	74	Ⓐ	Ⓑ	Ⓒ	Ⓓ	82	Ⓐ	Ⓑ	Ⓒ	Ⓓ	90	Ⓐ	Ⓑ	Ⓒ	Ⓓ	98	Ⓐ	Ⓑ	Ⓒ	Ⓓ
59	Ⓐ	Ⓑ	Ⓒ	Ⓓ	67	Ⓐ	Ⓑ	Ⓒ	Ⓓ	75	Ⓐ	Ⓑ	Ⓒ	Ⓓ	83	Ⓐ	Ⓑ	Ⓒ	Ⓓ	91	Ⓐ	Ⓑ	Ⓒ	Ⓓ	99	Ⓐ	Ⓑ	Ⓒ	Ⓓ
60	Ⓐ	Ⓑ	Ⓒ	Ⓓ	68	Ⓐ	Ⓑ	Ⓒ	Ⓓ	76	Ⓐ	Ⓑ	Ⓒ	Ⓓ	84	Ⓐ	Ⓑ	Ⓒ	Ⓓ	92	Ⓐ	Ⓑ	Ⓒ	Ⓓ	100	Ⓐ	Ⓑ	Ⓒ	Ⓓ
61	Ⓐ	Ⓑ	Ⓒ	Ⓓ	69	Ⓐ	Ⓑ	Ⓒ	Ⓓ	77	Ⓐ	Ⓑ	Ⓒ	Ⓓ	85	Ⓐ	Ⓑ	Ⓒ	Ⓓ	93	Ⓐ	Ⓑ	Ⓒ	Ⓓ	101	Ⓐ	Ⓑ	Ⓒ	Ⓓ
62	Ⓐ	Ⓑ	Ⓒ	Ⓓ	70	Ⓐ	Ⓑ	Ⓒ	Ⓓ	78	Ⓐ	Ⓑ	Ⓒ	Ⓓ	86	Ⓐ	Ⓑ	Ⓒ	Ⓓ	94	Ⓐ	Ⓑ	Ⓒ	Ⓓ	102	Ⓐ	Ⓑ	Ⓒ	Ⓓ
63	Ⓐ	Ⓑ	Ⓒ	Ⓓ	71	Ⓐ	Ⓑ	Ⓒ	Ⓓ	79	Ⓐ	Ⓑ	Ⓒ	Ⓓ	87	Ⓐ	Ⓑ	Ⓒ	Ⓓ	95	Ⓐ	Ⓑ	Ⓒ	Ⓓ	103	Ⓐ	Ⓑ	Ⓒ	Ⓓ

著者紹介

神崎 正哉 (かんざき・まさや)

1967年、神奈川県生まれ。やどかり出版株式会社代表取締役。神田外語大学准教授。東京水産大学 (現東京海洋大学) 海洋環境工学科卒。テンプル大学大学院修士課程修了 (英語教授法)。TOEIC® L&R Test は、1997年11月～2017年11月の間に146回受験し、990点 (満点) 99回取得。TOEIC® Speaking Test 200点 (満点)、TOEIC® Writing Test 200点 (満点)、英検1級、国連英検特A級、ケンブリッジ英検CPEなど、英語の資格を多数保持。著書に『新TOEIC® TEST 出る順で学ぶボキャブラリー990』(講談社)、共著書に『TOEIC® L&R TEST 標準模試2』(yadokari) などがある。

TEX加藤 (テックス・かとう)

1967年、大阪府生まれ。神戸市外国語大学外国語学部英米学科卒。一般企業での約20年の勤務を経て、2010年、TOEIC TEST講師に転身。現在、専門学校 神田外語学院で専任講師を務める。2008年6月以降、100回以上 TOEIC TEST を継続受験し、最新の傾向を授業や著書に反映している。2019年、990点の通算取得回数100回を達成。英検1級。著書に『TOEIC® L&R TEST 出る単特急 金のフレーズ』『TOEIC® L&R TEST 出る単特急 銀のフレーズ』『TOEIC® L&R TEST 出る単特急 金のセンテンス』『TOEIC® TEST 入門特急 とれる600点』(以上、小社)、『TOEIC® L&Rテスト 文法問題 でる1000問』(アスク)、共著に「TOEIC® L&R TEST 読解特急シリーズ」(小社) など多数ある。

Daniel Warriner (ダニエル・ワーリナ)

1974年、カナダ、ナイアガラフォールズ生まれ。ブロック大学英文学科卒。1998年来日。北海道大学、都内の英語学校でTOEIC® L&R Test 対策、英会話を教えるとともに、講師トレーニング及び教材開発に携わる。現在、翻訳会社に勤務。共著書に「TOEIC® L&R TEST 読解特急シリーズ」(小社)、『はじめての新TOEIC® TEST 完全総合対策』(IBC パブリッシング)、『TOEIC® L&R TEST 標準模試2』(yadokari) などがある。

TOEIC® L&R TEST 読解特急4
ビジネス文書編

2021年11月30日　第1刷発行

著　者	神崎 正哉 TEX 加藤 Daniel Warriner
発行者	三宮 博信
装　丁	川原田 良一
本文デザイン	コントヨコ
イラスト	cawa-j ☆ かわじ
印刷所	大日本印刷株式会社
発行所	朝日新聞出版

〒104-8011　東京都中央区築地 5-3-2
電話　03-5541-8814（編集）　03-5540-7793（販売）
© 2021 Masaya Kanzaki, TEX Kato, Daniel Warriner
Published in Japan by Asahi Shimbun Publications Inc.
ISBN 978-4-02-331989-9
定価はカバーに表示してあります。
落丁・乱丁の場合は弊社業務部（電話 03-5540-7800）へご連絡ください。
送料弊社負担にてお取り替えいたします。